學生 千字文

萬曆十一年正月 日副司果臣韓濩奉

教書 二十九年辛丑七月日內府開刊

머리말

천자문(千字文)은 후한(後漢)때 종요라는 사람이 썼다고 합니다(혹자는 주흥사가 썼다고도 하지만).

하룻밤에 4행 절귀 250수를 지었기 때문에 까만 머리가 온통 희어져, 천자문의 다른 이름으로는 백수문(白首文), 즉 머리가 하얗게 된 글씨라고도 합니다.

학생 천자문은 천자문에다 일어(日語)와 영어(英語)를 병행하여 함께 공부를 할 수 있게 편집이 되어 있읍니다.

자획(字劃)의 하단엔 펜글씨를 상용으로 연습할 수 있도록 연습장이 마련되어 있으며, 다른 어떠한 천자문보다 내실을 기하였읍니다.

스피디한 현대의 면학 과정에 발 맞추어 학생천자문은 독자 제현의 언어학습에 대단한 도움을 줄 것을 의심치 않습니다.

太乙出版社

＊永字八法＊

한자는 여러가지의 점과 획이 있는데 永자는 그 기본이 되는 점을 다 갖추고 있어 서예의 기본이 됨으로 영자팔법이라고 한다.

側(측)	勒(늑)	努(노)	趯(적)	策(책)	掠(략)	啄(탁)	磔(책)
① 丶	② 一	③ 丨	④ 亅	⑤ ㇀	⑥ 丿	⑦ ㇒	⑧ ㇏

1 측(側)은 모든「점」의 기본이라, 가로 눕히지 않는다.
2 늑(勒)은 가로긋기이며 수평으로 하지 않는다.
3 노(努)는 내려긋기이며 곧바로 내려 힘을 준다.
4 적(趯)은 갈고리이고 송곳 같은 세력을 요한다.
5 책(策)은 지침이며 우러러 거주면서 살며시 든다.
6 약(掠)은 삐침으로서 왼쪽을 가볍게 흘겨준다.
7 탁(啄)은 짧은 삐침으로 높이 들어 빨리 삐친다.
8 책(磔)을 파임이고, 고요히 대어 천천히 옮긴다.

◆ 한자의 필순

하나의 한자를 쓸 때의 바른 순서를 필순 또는 획순이라 한다. 한자는 바른 순서에 따라 쓸 때, 가장 쓰기 쉬울 뿐 아니라 빨리 쓸 수 있고, 쓴 글자의 모양도 아름다와진다

◆ 필순의 기본원칙

위에 있는 점·획이나 부분부터 쓰기 시작하여 차츰 아랫부분으로 써내려간다.

三 (一二三)　工 (一丅工)

言 (亠亠亠言言言言)

喜 (一十士吉吉喜喜)

◆ 왼쪽에서 오른쪽으로

왼쪽에 있는 점·획이나 부분부터 쓰기 시작하여 차츰 오른쪽으로 써나간다.

川 (丿 川 川)　州 (丬 州 州)

順 (丿 川 川 順)

側 (亻 但 俱 側) 測 鄕

◆ 차례를 바꿔쓰기 쉬운 한자

出 丨 屮 屮 出 出 …………… ○
(5획) ' 凵 山 屮 出 …………… ×
臣 丨 厂 芦 芦 臣 …………… ○
(7획) 一 厂 厂 芦 臣 …………… ×
児 丨 Ⅱ 旧 旧 児 児 ………… ○
(8획) 冂 月 旧 旧 児 児 ………… ×

天	一 二 于 天	하늘 천 sky 스카이 そら（テン） 소라(텐)	宇	宀 宀 宇 宇	집 우 house 하우스 いえ（ウ） 이에(우)
天			宇		
地	一 十 土 圵 坈 地	따 지 earth 어쓰 つち（ジ） 쯔찌(지)	宙	宀 宀 宂 宙 宙 宙	집 주 house 하우스 いえ（チュウ） 이에(쮸-)
地			宙		
玄	亠 亡 玄 玄	검을 현 black 블랙 くろい（ゲン） 구로이(겐)	洪	氵 汁 洪 洪 洪 洪	넓을 홍 vast 배스트 ひろい（コウ） 히로이(고-)
玄			洪		
黃	卄 廿 芇 萧 蕃 黃	누를 황 yellow 옐로우 きいろい（コウ） 기이로이(고-)	荒	卄 艹 芒 芦 芹 荒	거칠 황 wild 와일드 あれる（コウ） 아레루(고-)
黃			荒		
하늘은 검고, 땅은 누르다.			우주는 크고 넓기가 한이 없다.		

父生我身 (부생아신) 아버지께서 내 몸을 낳게 하시고
母鞠吾身 (모국오신) 어머니께서 내 몸을 기르셨다.

日	丨冂月日	날 일 sun 썬 ひ(ニチ) 히(니찌)	辰	一厂戶戶戶辰	별 진 star 스타 ほし(シン) 호시(신)
日			辰		
月	丿冂月月	달 월 moon 문 つき(ゲツ) 쯔끼(게쯔)	宿	宀宀宀宿宿宿	잘 숙 lodge 롯지 やどる(シュク) 야도루(슈꾸)
月			宿		
盈	丿乃夃夃盈盈	찰 영 full 풀 みちる(エイ) 미찌루(에이)	列	一丆歹歹列列	벌릴 렬 line up 라인업 つらなる(レツ) 쯔라나루(레쯔)
盈			列		
昃	日日日昃昃昃	기울 측 decline 디클라인 かたむく(ソク) 가따무꾸(소꾸)	張	弓弡弫張張張	벌일 장 spread 스프레드 はる(チョウ) 하루(쬬우)
昃			張		
해는 서쪽으로 기울고, 달도 차면 기운다.			별들이 하늘에 벌리어 있다.		

腹以懷我(복이회아) 배로서 나를 품으셨고,
乳以補我(유이보아) 젖으로써 나를 먹이셨고,

寒	찰 한 cold 콜드 さむい(カン) 사무이(간)	秋	가을 추 autumn 어텀 あき(シユウ) 아끼(슈—)
寒		秋	
來	올 래 come 컴 くる(ライ) 구루(라이)	收	거둘 수 harvest 하베스트 おさめる(シュウ) 오사메루(슈—)
來		收	
暑	더울 서 hot 핫 あつい(ショ) 아쯔이(쇼)	冬	겨울 동 winter 윈터 ふゆ(トウ) 후유(도—)
暑		冬	
往	갈 왕 go 고우 ゆく(オウ) 유꾸(오—)	藏	감출 장 storage 스토리지 くら(ゾウ) 구라(조—)
往		藏	
추위가 오고, 더위가 간다.		가을에 거두어서 겨울 동안 저장한다.	

以衣温我(이의온아) 옷으로써 나를 따뜻이 했고,
以食活我(이식활아) 음식으로써 나를 키우셨다.

閏	丨 ｢ 門 門 閏 閏	윤달 윤 leap-year 리프 이어 うるう(ジュン) 우루우(준)	律	彳 彳 彳 彳 律 律	법칙 률 law 로우 のり(リツ) 노리(리쯔)
閏			律		
餘	今 食 飠 飠 餘 餘	남을 여 remain 리메인 あまる(ヨ) 아마루(요)	呂	丨 口 口 口 呂 呂	법칙 려 law 로우 よく(リヨ) 요꾸(료)
餘			呂		
成	丿 厂 万 成 成 成	이룰 성 accomplish 어컴플리시 なる(セイ) 나루(세이)	調	言 訂 訂 訶 調 調	고를 조 harmonize 하모나이즈 ととのう(チヨウ) 도또노오(쬬-)
成			調		
歲	止 歬 歲 歲	해 세 age 에이지 とし(サイ) 도시(사이)	陽	阝 阳 阻 陽 陽 陽	볕 양 sunny 써니 ひ(ヨウ) 히(요-)
歲			陽		

이십 사 절기의 나머지 시각을 모아서 해를 이루다.

율여는 천지간의 양기를 고르게 하니, 율은 양이요, 여는 음이다.

恩高如天(은고여천) 은혜가 높기는 하늘과 같고,
德厚似地(덕후사지) 덕이 두텁기는 땅과 같으니,

雲	구름 운 cloud 클라우드 くも(ウン) 구모(운)	露	이슬 로 dew 듀 つゆ(ロ) 쯔유(로)
騰	날 등 ascend 어센드 あがる(トウ) 아가루(도—)	結	맺을 결 ally 얼라이 むすぶ(ケツ) 무스부(게쯔)
致	이를 치 bring about 브링 어바웃트 いたす(チ) 이따스(찌)	爲	하 위 do：make 두：메이크 たす·ため(イ) 나스/다메(이)
雨	비 우 rain 레인 あめ(ウ) 아메(우)	霜	서리 상 frost 프로스트 しも(ソウ) 시모(소—)

구름이 하늘에 올라 비가 된다.

이슬이 맺히니 서리가 된다.

爲人子者(위인자자) 사람의 자식된 자로서
曷不爲孝(갈불위효) 어찌 효도를 다하지 않겠는가.

金	人 亼 今 全 金 金	쇠 금 gold 골드 かね(キン) 가네(긴)	玉	一 丁 干 王 玉	구슬 옥 jade 제이드 たま(キョク) 다마(교꾸)
金			玉		
生	丿 𠂉 仁 牛 生	날 생 live 리브 いきる(セイ) 이끼루(세이)	出	丨 屮 屮 出 出	날 출 come out 컴 아웃트 でる(シュツ) 데루(슈쯔)
生			出		
麗	一 丽 麗 麗 麗 麗	빛날 려 beautiful 뷰티플 うつくしい(レイ) 우쯔꾸시이(레이)	崑	山 岂 岂 岂 崑 崑	뫼 곤 mountain 마운틴 まちのな(コン) 마찌노나(곤)
麗			崑		
水	亅 刁 水 水	물 수 water 워터 みず(スイ) 미즈(스이)	岡	冂 冂 冈 罔 岡 岡	산등성이 강 ridge of hill 리지 오브 힐 おか(コウ) 오까(고우)
水			岡		

금은 여수에서 산출되니, 여수는 지명이다.

옥은 곤강에서 나니, 곤강은 산의 이름이다.

欲報深恩(욕보심은) 깊은 은혜를 갚고자 한다면
昊天罔極(호천망극) 하늘처럼 다할 수 없다.

劍 (亼 侖 僉 劍 劒)	칼 검 sword 스워드 つるぎ(ケン) 쓰루끼(겐)	珠 (王 玗 珐 玝 珠)	구슬 주 pearl 펄 たま(シュ) 다마(슈)
劍		珠	
號 (口 号 号 號 號 號)	이름 호 name 네임 さけぶ(ゴウ) 사께부(고—)	稱 (禾 秈 稍 稱 稱 稱)	일컬을 칭 call 콜 となえる(ショウ) 도나에루(쇼—)
號		稱	
巨 (丨 厂 巨 巨 巨)	클 거 great 그레이트 おおきい(キョ, コ) 오오끼이(교, 고)	夜 (亠 广 夜 夜 夜)	밤 야 night 나이트 よる(ヤ) 요루(야)
巨		夜	
闕 (門 門 闁 闕 闕 闕)	집 궐 palace 팰리스 きゅうしょう(ケツ) 규—조—(계쯔)	光 (丨 丬 业 尘 光)	빛 광 light 라이트 ひかり(コウ) 히까리(고—)
闕		光	
거궐은 칼의 이름이니, 구야자가 만든 보검이다.		밤에도 빛나는 구슬이 있으니 야광이라고 이름한다.	

父母呼我(부모호아) 부모께서 나를 부르시면
唯而趨之(유이추지) 곧 대답하고 달려갈 것이며,

果	冂 日 旦 甲 果 果	실과 과 fruit 푸르트 くだもの(カ) 구다모노(가)	菜	艹 艹 芍 苎 苹 菜	나물 채 vegetable 베지터블 な(サイ) 나(사이)
果			菜		
珍	一 丅 王 玠 玠 珍	보배 진 precious 프레셔스 めずらしい(ジン) 메즈라시이(진)	重	二 亍 亩 盲 重 重	무거울 중 heavy 헤비 おもい(シュウ) 오모이(슈―)
珍			重		
李	一 十 木 本 李 李	오얏 리 plum 플럼 すもも(リ) 스모모(리)	芥	一 艹 艹 芬 芥 芥	겨자 개 mustard 머스타드 からしな(カイ) 가라시나(가이)
李			芥		
柰	十 木 杢 杢 柰 柰	벚 내 crab apple 크랩 애플 からなし(ナ) 가라나시(나)	薑	艹 艹 薑 薑 薑 薑	생강 강 ginger 진저 しょうが(キョウ) 쇼―가(교―)
柰			薑		

과실 중에서 오얏과 벚의 맛이 으뜸이니, 과연 진미이다.

나물에는 겨자와 생강이 중하다.

父母之命(부모지명) 부모의 명령은
勿逆勿怠(물역물태) 거역하지 말고 게을리도 하지 말라.

海	바다 해 sea 시 うみ(カイ) 우미(가이)	鱗	비늘 린 scale 스케일 うろこ(リン) 우로꼬(린)
海		鱗	
鹹	짤 함 salty 쏠티 しおからい(カン) 시오가라이(간)	潛	잠길 잠 immerse 이머스 ひそむ(セン) 히소무(센)
鹹		潛	
河	물 하 river 리버 かわ(カ) 가와(가)	羽	깃 우 feather 패더 はね(ワ) 하네(와)
河		羽	
淡	싱거울 담 insipid 인시피드 あわい(タン) 아와이(단)	翔	날개 상 wing 윙 かける(ショウ) 가께루(쇼—)
淡		翔	

바닷물은 짜고, 민물은 맛이 없다.

비늘 있는 고기는 물 속에 잠기고, 새는 날개가 있어서 하늘에 난다.

侍坐親前(시좌친전) 어버이 앞에 모시고 앉을 때는 몸을 바르게 하고,
勿踞勿臥(물거물와) 걸터앉지 말고 눕지도 말라.

龍	立 音 音 龍 龍 龍	용 룡 dragon 드레곤 たつ(リコウ) 다쯔(류-)	鳥	丨 户 白 自 鳥 鳥	새 조 bird 버드 とり(チヨウ) 도리(쬬-)
龍			鳥		
師	丨 户 白 白 師 師	스승 사 teacher 티쳐 おさ(シ) 오사(시)	官	宀 宀 宀 宀 官 官	벼슬 관 officialdom 오피셜돔 つかさ(カン) 쯔까사(간)
師			官		
火	丶 丷 火 火	불 화 fire 화이어 ひ(カ) 히(가)	人	丿 人	사람 인 man 맨 ひと(シン, ニン) 히또(신, 닌)
火			人		
帝	亠 亠 产 产 帝 帝	임금 제 emperor 엠퍼러 みかど(テイ) 미까도(데이)	皇	丨 白 白 皇 皇 皇	임금 황 emperor 엠퍼러 きみ(コウ, オウ) 기미(고-, 오-)
帝			皇		
용사와 화제는 위대한 두 임금을 칭하는 이름이다.			조관과 인황은 고대 중국의 두 임금이다.		

對案不食(대안불식) 밥상을 대하고 먹지 않는 것은
思得良饌(사득양찬) 좋은 반찬을 생각하는 것이다.

字	筆順	뜻·음	字	筆順	뜻·음
始	乚 女 女' 女厶 始 始	비로소 시 begin 비긴 はじめ(シ) 하지메(시)	乃	ノ 乃 乃	이에 내 namely 네임리 すなわち(ナイ) 스나와찌(나이)
始			乃		
制	𠂉 㐄 缶 帉 制 制	지을 제 make 메이크 つくる(セイ) 쯔꾸루(세이)	服	丿 月 月 肀 服 服	입을 복 clothes 클로시스 きもの(フク) 기모노(후꾸)
制			服		
文	丶 亠 ナ 文	글월 문 literature 리터레츄어 もじ(ブン, モン) 모지(분, 몬)	衣	丶 亠 ナ 𧘇 衣 衣	옷 의 clothes 클로시스 きもの(イ) 기모노(이)
文			衣		
字	丶 丷 宀 宁 字 字	글자 자 letter 레터 もじ(シ) 모지(시)	裳	丷 龸 尚 堂 裳 裳	치마 상 skirt 스커트 もすそ(ショウ) 모스소(쇼―)
字			裳		

비로소 문자를 만들고,

의복을 지어 입다.

父母有病(부모유병) 부모께 병환이 있으시거든
憂而謀療(우이모료) 근심하며 치료할 것을 꾀할 것이고,

한자	필순	뜻·음	한자	필순	뜻·음
推	扌 扌 扌 扌 推 推	밀 추 push 푸쉬 おす(スイ) 오스(스이)	有	一 ナ 右 有 有 有	있을 유 exist 이그지스트 ある, また(コウ) 아루, 마따(고―)
推			有		
位	ノ 亻 亻 亻 位 位	벼슬 위 position 포지션 くらい(イ) 구라이(이)	虞	广 虍 虍 虍 虞 虞	나라 우 name of state 네임 오브 스테이- くにのな(グ) 구니노나(구)
位			虞		
讓	言 言 言 讓 讓 讓	사양 양 yield 일드 ゆずる(ジョウ) 유즈루(죠―)	陶	阝 阝 阝 阝 陶 陶	질그릇 도 porcelain 포스레인 すえ(トウ) 스에(도―)
讓			陶		
國	冂 同 國 國 國 國	나라 국 nation 네이션 くに(コク) 구니(고꾸)	唐	广 户 庐 声 唐 唐	나라 당 name of state くにのな(トウ)
國			唐		

벼슬을 미루고 나라를 사양하니,

유우는 순 임금을 일컬음이요, 도당은 요임금을 일컬음이다.

裹糧以送(과량이송) 양식을 싸서 보내 주시면
勿懶讀書(물라독서) 독서하기를 게을리 하지 말라.

弔	ㄱ コ 弓 弔	조상 조 condole 콘돌 とむらう(チョウ) 도무라우(쬬—)	周	冂 冂 円 円 周 周	두루 주 turn round 턴 라운드 めぐる(シュウ) 메구루(슈—)
弔			周		
民	ㄱ コ 尸 尸 民	백성 민 people 피플 たみ(ミン) 다미(민)	發	㇇ 癶 癶 發 發	필 발 issue : rise 이슈 : 라이즈 おこる(ハツ) 오고루(하쯔)
民			発		
伐	ノ 亻 仁 代 伐 伐	칠 벌 attack 어태크 うつ(バツ) 우쯔(바쯔)	殷	厂 戶 月 烏 殷 殷	나라 은 name of state 네임 오브 스테이트 くにのな(イン) 구니노나(인)
伐			殷		
罪	冖 罒 罗 罪 罪 罪	허물 죄 sin 신 つみ(サイ) 쯔미(사이)	湯	氵 浬 浬 湯 湯 湯	끓을 탕 boil 보일 ゆ(トウ) 유(도—)
罪			湯		

백성을 사랑하여 위문하고, 죄를 벌하다.

발은 주나라를 세웠고, 탕은 은나라의 임금이다.

父母唾痰(부모타담) 부모님의 침이나 가래는
每必覆之(매필부지) 반드시 매번 덮어야 하며,

坐	앉을 좌 sit 씻 すわる(ザ) 스와루(자)	垂	드릴 수 hang down 행 다운 たれる(スイ) 다레루(스이)
坐		垂	
朝	아침 조 morning 모닝 あさ(チョウ) 아사(쬬—)	拱	팔장낄 공 fold one's arms 폴드 원스 암스 こまぬく(キョウ) 고마누꾸(교—)
朝		拱	
問	물을 문 ask 에스크 とう(モン) 도우(몬)	平	편할 평 even : peaceful 이븐 : 피스플 たいら(ヘイ) 다이라(헤이)
問		平	
道	길 도 road 로드 みち(ドウ) 미찌(도—)	章	글 장 writing 롸이팅 ふみ(ショウ) 후미(쇼—)
道		章	
조정에 앉아서, 치국의 도를 묻다.		임금에게 덕이 있으니, 팔짱을 끼고 편히 나라를 다스렸다.	

若告西適 (약고서적) 서쪽으로 간다고 말씀드리고
不復東性 (불복동성) 동쪽으로 가지는 말라.

한자	뜻·음	한자	뜻·음
愛	사랑 애 love 러브 あいする(アイ) 아이스루(아이)	臣	신하 신 subject 서브젝트 しんか(シン) 신까(신)
愛		臣	

한자	뜻·음	한자	뜻·음
育	기를 육 bring up 브링 엎 そだてる(イク) 소다떼루(이꾸)	伏	엎드릴 복 prone 프론 ふす(フク) 후스(후꾸)
育		伏	

한자	뜻·음	한자	뜻·음
黎	검을 려 black 블랙 くろい(レイ) 구로이(레이)	戎	오랑캐 융 babarian 바바리안 とうぞく(リュ) 도-조꾸(류)
黎		戎	

한자	뜻·음	한자	뜻·음
首	머리 수 head 해드 あたま(シュ) 아따마(슈)	羌	오랑캐 강 babarian 바바리안 とうぞく(カン) 도-조꾸(강)
首		羌	

백성을 사랑으로 기르다(다스리다).

변방의 오랑캐들이 신하로서 복종하다.

出必告之(출필고지) 밖으로 나갈 때에는 반드시 고하고,
返必拜謁(반필배알) 돌아와서는 반드시 뵙고,

遐	멀 하 distant 디스턴트 とおい(カ) 도오이(가)	率	거느릴 솔 command 코맨드 ひきいる(ソツ) 히끼이루(소쯔)
遐		率	
邇	가까울 이 nearby 니어바이 ちかい(ジ) 찌까이(지)	賓	손 빈 guest 게스트 おきゃく(ヒン) 오갸꾸(힌)
邇		賓	
壹	한 일 one 원 ひとつ(イチ) 히도쯔(아찌)	歸	돌아갈 귀 return 리턴 かえる(キ) 가에루(기)
壹		歸	
體	몸 체 body 바디 かちだ(タイ) 가라다(다이)	王	임금 왕 king 킹 きみ(オウ) 기미(오-)
体		王	

멀고 가까운 데가 한몸이 되니,

덕을 그리워하여 왕에게로 귀순하였다.

立則視足(입즉시족) 서서는 반드시 발을 보고,
坐則視膝(좌즉시슬) 앉아서는 반드시 무릎을 보라.

鳴	口 叩 叩 咱 鳴 鳴	울 명 cry 크라이 なく(メイ) 나꾸(메이)	白	′ ′ 白 白 白	흰 백 white 화이트 しろい(ハク.ビャク) 시로이(하꾸, 뱌꾸)
鳴			白		
鳳	八 凡 凤 鳳 鳳 鳳	새 봉 Chinese phoenix 좌이니스 피닉스 とり(ホウ) 도리(호-)	駒	「 囯 馬 馬 駒 駒	망아지 구 phony 포니 こま(ク) 고마(구)
鳳			駒		
在	一 ナ 𠂇 𡉀 在 在	있을 재 consist in 컨씨스트 인 ある(ザイ) 아루(자이)	食	𠆢 今 今 今 食 食	밥 식 food 푸드 めし(ショク) 메시(쇼꾸)
在			食		
樹	朩 朩 桔 桔 樹 樹	나무 수 tree 츄리 き(シュ) 기(슈)	場		마당 장 place にわ(バ)
樹			場		
성인이 세상에 나오니,			그 덕이 짐승에 까지 미쳐서, 흰 망아지가 한가로이 풀을 뜯는다.		

昏必定褥(혼필정욕) 저녁에는 반드시 자리를 정하고,
晨必省候(신필성후) 새벽에는 반드시 안후를 살피라.

化	ノ亻亻化	화합 화 change 체인지 かえる(カ, ケ) 가에루(가, 게)	賴	𠂉亘亙郣郣賴	힘입을 뢰 trust to 츄러스트 투 たのむ(ライ) 다노무(라이)
化			賴		
被	㇇衤衤衤衤被被	입을 피 receive 리씨브 きる(ヒ) 기루(히)	及	ノ乃乃及	미칠 급 reach 리취 およぶ(キュウ) 오요부(규―)
被			及		
草	艹艹艹苩苩草	풀 초 grass 그래스 くさ(ソウ) 구사(소―)	萬	艹苩苩萬萬萬	일만 만 ten thousand 텐 싸우젼드 よろず(マン) 요로즈(만)
草			萬		
木	一十才木	나무 목 wood 우드 き(モク) 기(모꾸)	方	丶亠亡方	모 방 square 스퀘어 かた(ホウ) 가따(호―)
木			方		
덕을 베품이 초목처럼 무성하니,			신뢰함이 만방에까지 닿았다.		

父母愛之(부모애지) 부모께서 나를 사랑하시거든
喜而勿忘(희이물망) 기뻐하며 잊지 말고,

蓋	艹 芏 茾 菁 蓋 蓋	덮을 개 cover 커버 ふた(ガイ) 후따(가이)	四	丨 冂 冂 四 四	넉 사 four 포어 よっつ(シ) 욧쯔(시)
蓋			四		
此	丨 ト 止 止 止' 此	이 차 this 디스 これ(シ) 고레(시)	大	一 ナ 大	큰 대 big : great 빅 : 그레이트 おおきい(タイ) 오—끼이(다이)
此			大		
身	′ 门 门 自 自 身	몸 신 body 바디 からだ(シン) 가라다(신)	五	一 丆 五 五	다섯 오 five 파이브 いつつ(ゴ) 이쯔쯔(고)
身			五		
髮	镸 長 髟 髟 髪 髮	터럭 발 hair 헤어 かみ(ハツ) 가미(하쯔)	常	⺌ 𣥂 尚 尚 常 常	항상 상 permanent 퍼머넌트 つね(ジョウ) 쯔네(죠—)
髮			常		
대개, 몸과 터럭은,			물질적인 네 가지 요소와 다섯 가지 정신적인 요소로 이루어졌다.		

父母惡之(부모오지) 부모께서 나를 미워하시더라도
懼而無怨(구이무원) 두려워할 뿐 원망하지 말아라.

恭	廾 共 恭	공손 공 respectful 리스펙트풀 うやうやしい(キョウ) 우야우야시이(교-)	豈	山 豈	어찌 기 how 하우 あに(キ) 아니(기)
恭			豈		
惟	忄 惟	오직 유 only 온리 ただ, おもう(イ, ユイ) 다다 오모우(이, 유)	敢	工 敢	감히 감 dare 대어 あえて(カン) 아에떼(간)
惟			敢		
鞠	廿 革 鞠	기를 국 nourish 너리쉬 やしなう(キク) 야시나우(기꾸)	毁	臼 毁	헐 훼 ruin 루인 やぶれる(キ) 야부레루(기)
鞠			毁		
養	羊 養	기를 양 bring up 브링 업 やしなう(ヨウ) 야시나우(요-)	傷	亻 傷	상할 상 injure 인쥬어 きずつく(ショウ) 기즈쯔꾸(쇼-)
養			傷		
엄숙히 길러 주시니,			어찌 감히 그 몸을 상하게 하겠는가.		

行勿慢步(행물만보) 걸음을 거만하게 걷지 말고,
坐勿倚身(좌물의신) 앉을 때에는 몸을 기대지 말고,

女	𠂉 女 女	계집 녀 female 휘메일 おんな(ジョ) 온나(죠)	男	冂 冃 田 田 男 男	사내 남 male 메일 おとこ(ダン) 오도꼬(단)
女			男		
慕	艹 苔 莫 莫 慕 慕	사모 모 longing 롱잉 したう(ボ) 시따우(보)	效	亠 六 交 交 效 效	본받을 효 imitate 이미테이트 ききめ(コウ) 기끼메(고-)
慕			效		
貞	⺊ 占 貞 貞 貞 貞	곧을 정 chaste 췌이스트 ただし(テイ) 다다시(데이)	才	一 十 才	재주 재 talent 탤런트 さいのう(サイ) 사이노우(사이)
貞			才		
烈	一 万 歹 列 列 烈	매울 렬 violent 바이올런트 はげしい(レツ) 하게시이(레쯔)	良	⺈ ⺕ ⺕ 良 良 良	어질 량 good 굳 よい(リョウ) 요이(료-)
烈			良		

여자는 정열을 사모하고,

남자는 훌륭한 재능을 본받아야 한다.

勿立門中(물립문중) 문 가운데에는 서지 말고,
勿坐房中(물좌방중) 방 한가운데에는 앉지 말라.

知	𠂉 ⺈ 矢 矢 知 知	알 지 know 노우 しる(ジ) 시루(지)	得	彳 彳日 徂 徂 得 得	얻을 득 gain 게인 える(トク) 에루(도꾸)
知			得		
過	冂 冋 冎 咼 渦 過	허물 과 fault 폴트 すぎる(カ) 스기루(가)	能	厶 台 育 能 能 能	능할 능 able to 에이블 투 よく,よくする(ノウ) 요꾸, 요꾸스루(노—)
過			能		
必	丶 ソ 必 必 必	반드시 필 surely 슈어리 かならず(ヒツ) 가나라즈(히쯔)	莫	艹 芢 苜 荁 莫 莫	말 막 negative 네가티브 ない(バク) 나이(바꾸)
必			莫		
改	ㄱ ㄱ 己 己 改 改	고칠 개 change 체인지 あらためる(カイ) 아라따메루(가이)	忘	亠 亡 亡 忘 忘 忘	잊을 망 forget 퍼겥 わすれる(ボウ) 와스레루(보—)
改			忘		

허물을 알면 반드시 고치고, 능히 도를 얻었으면, 잊지 말아야 한다.

鷄鳴而起(계명이기) 닭이 우는 새벽에 일어나서
必盥必漱(필관필수) 반드시 세수하고 양치할 것이며,

漢字	뜻·음	漢字	뜻·음
罔	없을 망 not 낫 ない(モウ) 나이(모—)	靡	아닐 미 not 낫 なびく(コウ) 나비꾸(고—)
罔		靡	
談	말씀 담 conversation 컨버세이션 はなす(ダン) 하나스(단)	恃	믿을 시 depend on 디펜드 언 たのむ(ジ) 다노무(지)
談		恃	
彼	저 피 that 댓 かれ(ヒ) 가레(히)	己	몸 기 self 셀프 おのれ(キ, コ) 오노레(기, 고)
彼		己	
短	짧은 단 short 쇼트 みじかい(タン) 미지까이(단)	長	긴 장 long 롱 ながい(チョウ) 나가이(쬬—)
短		長	

남의 단점을 말하지 말며, 나의 장점을 과신하지 말라.

言語必愼(언어필신) 말은 반드시 삼가하여 하고,
居處必恭(거처필공) 거처는 반드시 공손하게 하라.

信	亻 仁 信 信 信 信	믿을 신 truth 츄루쓰 しんじる(シン) 신지루(신)	器	口 吅 㗊 哭 器 器	그릇 기 vessel 벳쓸 うつわ(キ) 우쯔와(기)
信			器		
使	亻 仁 仁 佢 使 使	하여금 사 employ 임플로이 つかう(シ) 쯔까우(시)	欲	八 父 谷 谷 欲 欲	하고자할 욕 desire 디자이어 ほしい(ヨク) 호시이(요꾸)
使			欲		
可	一 丁 下 可 可 可	옳을 가 right 라이트 よい(カ) 요이(가)	難	廿 菫 菓 歎 難 難	어려울 난 difficult 디프컬트 むづかしい(ナン) 무즈까시이(난)
可			難		
覆	一 襾 覀 覀 覆 覆	엎을 복 overturn 오버턴 くつがえす(フク) 구쯔가에스(후꾸)	量	冂 日 旦 昌 量 量	헤아릴 량 measure 메져 はかる(リョウ) 하까루(료—)
覆			量		

믿음 있는 일은 되풀이 행하고,

사람의 기량은 남이 모를 만큼 커야 한다.

始習文字 (시습문자) 비로소 글자를 배우게 되거든
字劃楷正 (자획해정) 글자의 자획을 바르게 하라.

墨	冂 罒 里 黒 墨 墨	먹 묵 ink 잉크 すみ(ボク) 스미(보꾸)	詩	言 訁 訁 詰 詩 詩	글 시 poetry 포엣트리 し(シ) 시(시)
墨			詩		
悲	丿 ㅋ 非 非 悲 悲	슬플 비 sad 새드 かなしい(ヒ) 가나시이(히)	讚	言 訁 訁 譛 讚 讚	기릴 찬 praise 프레이즈 ほめる(サン) 호메루(산)
悲			讚		
絲	〈 幺 糸 糸 絲 絲	실 사 thread 스레드 いと(シ) 이또(시)	羔	丷 ⺷ 丷 羊 羔 羔	염소 고 lamb 램 やぎ(コウ) 야기(고―)
絲			羔		
染	氵 氵 氿 氿 染 染	물들 염 dye 다이 そめる(セン) 소메루(센)	羊	丶 丷 ⺷ ⺷ 羊 羊	양 양 sheep 쉽 ひつじ(ヨウ) 히쯔지(요―)
染			羊		

묵적은 흰 실에 물이 드는 것을 보고 슬퍼했고,

시경은 고양편의 순일함을 찬양했다.

父母之年 (부모지년) 부모님의 나이는
不可不知 (불가부지) 알지 않으면 안 되며,

景	日 旦 㫦 몸 景 景	별 경 sunshine 선샤인 ひかげ(ケイ) 히까게(게-)	
景			
克	一 十 古 古 克 克	이길 극 overcome 오버컴 かつ(コク) 가쯔(고꾸)	
克			
行	ノ ク 彳 彳 行 行	다닐 행 go 고우 いく(コウ) 이꾸(고-)	
行			
念	ノ 人 亼 今 念 念	생각 념 think 씽크 おもう(ネン) 오모우(넨)	
念			
維	幺 糸 糸 紒 維	얽을 유 tie 타이 つなぐ(イ) 쯔나구(이)	
維			
作	ノ 亻 亻 作 作	지을 작 make 메이크 つくる(サク) 쯔꾸루(사꾸)	
作			
賢	臣 臤 臤 賢 賢	어질 현 virtuous 버츄어스 かしこい(ケン) 가시꼬이(겐)	
賢			
聖	耳 耶 聖 聖 聖	성인 성 holy 홀리 ひじり(セイ) 히지리(세이)	
聖			

행동을 빛나게 하면 곧 현인이요,

열심히 도의를 생각하면 성인이 될 수 있다.

飮食雅惡(음식아악) 음식이 비록 나쁘더라도
與之必食(여지필식) 주시면 반드시 먹어야 하고,

德	彳 彳 徝 徝 德 德	큰 덕 virtue 버츄 とく(トク) 도꾸(도꾸)	形	二 于 开 开 形 形	형상 형 form 폼 かたち(ケイ) 가따찌(게이)
德			形		
建	ヨ ヨ 聿 聿 建 建	세울 건 build 빌드 たてる(ケン) 다떼루(겐)	端	立 竝 竝 端 端	끝 단 edge 에지 はし(タン) 하시(단)
建			端		
名	ノ ク タ 夕 名 名	이름 명 name 네임 なまえ(メイ) 나마에(메이)	表	丰 圭 声 耒 耒 表	겉 표 surface 써피스 おもて(ヒョウ) 오모떼(효-)
名			表		
立	' 亠 亠 亣 立	설 립 stand 스탠드 たつ(リツ) 다쯔(리쯔)	正	一 丅 下 正 正	바를 right 라이트 ただしい(セイ) 다다시이(세이)
立			正		

덕을 성취하면 그 이름이 세상에 나타나니,

이것은 마치 모습이 바르면 그 그림자 역시 바른 이치와 같다.

衣服雅惡(의복아악) 의복이 비록 나쁘더라도
與之必着(여지필착) 주시면 반드시 입어라.

空	宀 穴 空	빌 공 empty 엠티 むなしい(クウ) 무나시이(구-)	虛	广 虍 虚 虛	빌 허 empty 엠티 むなしい(キヨ) 무나시이(교)
空			虛		
谷	八 公 谷 谷	골 곡 valley 벨리 たに(コク) 다니(고꾸)	堂	尚 堂 堂	집 당 hall 홀 いえ(トウ) 이에(도-)
谷			堂		
傳	亻 仁 伯 傳 傳	전할 전 transmit 트렌스미트 つたえる(デン) 쯔따에루(덴)	習	羽 習 習	익힐 습 study 스터디 ならう(シュウ) 나라우(슈-)
傳			習		
聲	声 殸 聲 聲	소리 성 sound 싸운드 こえ(セイ) 고에(세이)	聽	耳 聽 聽	들을 청 hear 히어 きく(チョウ) 기꾸(쬬-)
聲			聽		

군자의 당당한 소리는 골짜기의 울림과 같이 퍼져나가며,

허당에서 소근대는 말 역시 어느덧 세상에 알려진다.

衣服帶鞋(의복대혜) 의복과 혁대와 신발은
勿失勿裂(물실물열) 잃어버리지도 말고 찢지도 말 것이며,

禍	재앙 화 calamity 컬레미티 わざわい(カ) 와자와이(가)	福	복 복 blessing 블래씽 さいわい(フク) 사이와이(후꾸)
禍		福	
因	인할 인 in consequence of 인 컨시컨스 오브 よる(イン) 요루(인)	緣	인연 연 affinity 어피니티 いんねん(エン) 인넨(엔)
因		緣	
惡	모질 악 bad 배드 にくむ(オ) 니꾸무(오)	善	착할 선 good 굳 よい(セン) 요이(센)
悪		善	
積	쌓을 적 store up 스토 업 つむ(セキ) 쯔무(세끼)	慶	경사 경 happy event 해피 이벤트 けいする(ケイ) 게이스루(게이)
積		慶	

화는 악덕을 쌓음으로 하여 일어나고,

복은 착하고 경사스러운 일로 말미암아 일어난다.

寒不敢襲(한불감습) 춥다고 하여서 감히 옷을 껴입지 말고,
署勿寒裳(서물한상) 덥다고 하여서 치마를 걷지 말라.

尺	ㄱ ㄱ 尸 尺	자 척 ruler 룰러 ものさし(シャク) 모노사이(샤꾸)	寸	一 寸 寸	마디 촌 inch 인치 すん(スン) 슨(슨)
尺			寸		
璧	𠃊 辟 辟 璧 璧 璧	구슬 벽 jade 제이드 かべ(ヘキ) 가베(헤끼)	陰	阝 阝 阾 陰 陰 陰	그늘 음 shade 쉐이드 かげ(イン) 가게(인)
璧			陰		
非	丿 ㅋ ㅋ 引 非 非	아닐 비 not 낫트 あらず(ヒ) 아라즈(히)	是	日 旦 早 早 是 是	이 시 this 디스 これ(ゼ) 고레(제)
非			是		
寶	宀 宝 寶 寶 寶 寶	보배 보 treasure 트레져 たから(ホウ) 다까라(호-)	競	立 音 竞 竸 竸 競	다툴 경 compete 컴피트 たたかう(クイ) 다따까우(구이)
宝			競		

한 자나 되는 진귀한 벽옥이 보배가 아니니,

극히 짧은 시간도 이를 다투어야 한다.

夏則扇枕(하즉선침) 여름에는 부모님께서 베개 베신 데를 부채질하여 드리고
冬則温被(동즉온피) 겨울에는 이불을 따뜻하게 하여 드려라

資	취할 자 wealth 웰쓰 しさん(シ) 시산(시)	曰	가로 왈 speak 스피크 いわく(エツ) 이와꾸(에쯔)
資		曰	
父	아비 부 father 파더 ちち(フ) 찌찌(후)	嚴	엄할 엄 solemn 솔름 きびしい(ケン) 기비시이(겐)
父		嚴	
事	일 사 affair 어페어 こと(ジ) 고또(지)	與	더불 여 give 기브 あたえる(ヨ) 아다에루(요)
事		與	
君	임금 군 king 킹 きみ(クン) 기미(군)	敬	공경 경 respect 리스펙트 うやまう(ケイ) 우야마우(게이)
君		敬	
아비를 섬기는 마음으로 나라를 섬기며,		공경함과 더불어 삼가야 한다.	

侍坐親側(시좌친측) 어버이 곁에 모시고 앉을 때에는
進退必恭(진퇴필공) 나아가고 물러감을 반드시 공손히 하고,

孝	효도 효 filial piety 필리얼 파이어티 こうこう(コウ) 고우꼬우(고—)	忠	충성 충 loyalty 로얄티 まごころ(チコウ) 마고꼬로(쮸—)
孝		忠	
當	마땅 당 suitable 슈터블 あたる(トウ) 아따루(도—)	則	곧 즉 rule 룰 のり(ソク) 노리(소꾸)
當		則	
竭	다할 갈 exhaust 이그조스트 つくす(ゲツ) 쯔꾸스(게쯔)	盡	다할 진 exhaust 이그조스트 つきる(ジン) 쯔끼루(진)
竭		盡	
力	힘 력 strength 스트렝쓰 ちから(リョク) 찌까라(료꾸)	命	목숨 명 life 라이프 いのち(メイ) 이노찌(메이)
力		命	

효도함에는 마땅히 힘을 다해야 하며,

나라를 사랑함에는 목숨을 다할 각오이어야 한다.

膝前勿坐(슬전물좌) 어른 무릎 앞에 앉지 말며,
親面勿仰(친면물앙) 어버이 얼굴을 똑바로 쳐다보지 말아라.

臨	𠃋 𠃌 臣 臣𠂉 臨 臨	임할 림 come to 컴 투 のぞむ(リン) 노조무(린)	夙	丿 几 凡 夙 夙 夙	이를 숙 early 얼리 つとに(シュク) 쯔또니(슈꾸)
臨			夙		
深	氵 氵 泗 泗 浮 深	깊을 심 deep 디프 ふかい(シン) 후까이(신)	興	𠂉 𦥑 興 興 興 興	일 흥 rise 라이스 おこる(コウ) 오꼬루(고—)
深			興		
履	尸 尸 屖 屖 履 履	밟을 리 foot 푸트 くつ(リ) 구쯔(리)	溫	氵 氵 氵 泪 温 温	더울 온 warm 웜 あたたかい(オン) 아다따까이(온)
履			溫		
薄	艹 艹 蒲 蒲 薄 薄	엷을 박 thin 신 うすい(ハク) 우스이(하꾸)	凊	冫 冫 凊 凊 凊 凊	서늘할 청 cool 쿨 すずしい(セイ) 스즈시이(세이)
薄			凊		

심연에 임함에는 얇은 얼음을 밟듯이 하고,

새벽에는 일찍 일어나며, 부모님을 겨울에는 따뜻하게, 여름에는 서늘하게 해 드려야 한다.

父母臥命(부모와명) 부모님이 누워서 말씀하시면
僕首聽之(복수청지) 머리를 숙이고 들을 것이고,

한자	뜻·음	한자	뜻·음
似	같을 사 resemble 리젬블 にる(シ, ジ) 니루(시, 지)	如	같을 려 like 라이크 ごとし(ショ) 고또시(죠)
似		如	
蘭	난초 란 orchid 어키드 らん(ラン) 란(란)	松	솔 송 pine tree 파인 츄리 まつ(ショウ) 마쯔(쇼ー)
蘭		松	
斯	이 사 this 디스 この(シ) 고노(시)	之	갈 지 go 고 ゆく, の, これ(シ) 유꾸, 노, 고레(시)
斯		之	
馨	향기 향 fragrant 프레이그런트 かおる(ケイ) 가오루(게이)	盛	성할 성 prosperous 프로스퍼러스 かかる(セイ) 가까루(세이)
馨		盛	

효자된 자의 이름은, 마치 난초의 향기와 같이 멀리까지 떨치고,

소나무처럼 무성하다.

居處靖靜 (거처정정) 거처는 평안하고 고요히 하고,
步復安詳 (보복안상) 걸음을 편안하고 자세히 하라.

川	丿 川 川	내 stream 스트림 かわ(セン) 가와(센)	淵	氵 氵 氵 氵 氵 淵	못 연 gulf 걸프 ふち(エン) 후찌(엔)
川			渊		
流	氵 氵 汸 汸 浐 流	흐를 류 flow 플로우 ながれる(リュウ) 나가레루(류—)	澄	氵 氵 氵 氵 浴 澄	맑을 징 clear 클리어 すむ(チョウ) 스무(쬬—)
流			澄		
不	一 丆 不 不	아니 불 not 낫 せず(フ, ブ) 세즈(후, 부)	取	厂 F E 耳 取 取	가질 취 take 테이크 とる(シュ) 도루(슈)
不			取		
息	丿 白 自 自 息 息	쉴 식 rest 레스트 いき(ソク) 이끼(소꾸)	暎	丨 日 日 日 映 映	비칠 영 shine 샤인 うつる(エイ) 우쓰루(에이)
息			暎		

냇물은 흘러서 쉬지 않고,

맑은 못은 그 속까지 비친다.

飽食暖衣(포식난의) 배불리 먹고 따뜻이 입고,
逸居無教(일거무교) 편히 살면서 자식을 가르치지 않으면,

容	宀 穴 穴 穴 容 容	얼굴 용 face 페이스 かお(ヨウ) 가오(요—)	言	亠 亠 亖 言 言 言	말씀 언 words 워즈 ことば(ゲン) 고또바(겐)
容			言		
止	丨 卜 止 止	그칠 지 stop 스톱 とまる(シ) 도마루(시)	辭	爫 爫 𤔔 𤔔 辭 辭	말씀 사 speech 스피치 ことば(ジ) 고또바(지)
止			辭		
若	艹 艹 芐 芓 若 若	같을 약 like 라이크 おなじ(ジャク) 오나지(쟈꾸)	安	丶 丶 宀 安 安 安	편안 안 peaceful 피스풀 やすらか(アン) 야스라까(안)
若			安		
思	丨 冂 円 田 思 思	생각 사 think 씽크 おもう(シ) 오모우(시)	定	宀 宀 宁 宁 定 定	정할 정 settle 쎄틀 さだめる(テイ) 사다메루(데이)
思			定		

행동함에는 행여나 과실이 있지 않을까 하고 뒤돌아 보고,

말을 할 때에는 안정되고 편안히 하라.

即近禽獸(즉근금수) 금수와 다를 바 없으니,
聖人憂之(성인우지) 성인은 이것을 걱정하시니라.

篤	도타울 독 generous 제너러스 あつい(トク) 아쯔이(도꾸)	愼	삼갈 신 act with care 액트 위드 케어 つつしむ(シン) 쓰쯔시무(신)
篤		愼	
初	처음 초 beginning 비기닝 はじめ(ショ) 하지메(쇼)	終	마칠 종 end 엔드 おわる(シュウ) 오와루(슈—)
初		終	
誠	정성 성 sincere 씬씨어 まこと(セイ) 마고또(세이)	宜	마땅 의 suitable 슈터블 よろしい(ギ) 요로시이(기)
誠		宜	
美	아름다울 미 beautiful 뷰티풀 うつくしい(ビ) 우쯔꾸시이(비)	令	하여금 령 order 오더 のり(レイ) 노리(레이)
美		令	

처음을 돈독히 하는 것이 참으로 훌륭하며,

끝은 온전히 하도록 조심함이 마땅하다.

愛親敬兄(애친경형) 어버이를 사랑하고 형을 공경함은
良知良能(양지양능) 타고난 앎이요 타고난 능력이니라.

한자	필순	뜻·음	한자	필순	뜻·음
榮	火 炏 炏 炏 𤇾 榮	영화 영 glory 글로리 さかえる(エイ) 사까에루(에이)	籍	艹 苎 耤 耤 耤 籍	호적 적 register 레지스터 ふえ(セキ) 후에(세끼)
榮			籍		
業	业 业 业 丵 丵 業	업 업 business 비지니스 わざ(ギョウ) 와자(교–)	甚	一 廿 甘 其 其 甚	심할 심 extreme 익스트림 はなはだ(ジン) 하나하다(진)
業			甚		
所	一 ㄱ 戸 所 所 所	바 소 place 플레이스 ところ(ジョ) 도꼬로(쇼)	無	ノ 𠂉 仁 無 無 無	없을 무 none 넌 ない(ム, ブ) 나이(무, 부)
所			無		
基	一 廿 甘 其 其 基	터 기 base 베이스 もとい(キ) 모또이(기)	竟	亠 立 立 音 音 竟	마침 경 at last 엣 라스트 ついに(キョウ) 쯔이니(교–)
基			竟		

영달과 사업에는 반드시 기인하는 바가 있으며,

명성이 세상에 널리 퍼져 끝이 없다.

口勿雜談(구물잡담) 입으로는 잡담을 하지 말며,
手勿雜戱(수물잡희) 손으로는 잡된 장난을 하지 말라.

學 (⺕ 𦥑 ... 學)	배울 학 learn 런 ならう (ガク) 나라우(가꾸)	攝 (扌 ... 攝)	잡을 섭 hold up 홀드 업 にぎる(ジョウ) 니기루(쇼—)
學		攝	
優 (亻 ... 優)	뛰어날 우 excellent 엑설런트 すぐれる(コウ) 스구레루(유—)	職 (耳 ... 職)	벼슬 직 duty 듀티 つとめ(ショク) 쯔또메(쇼꾸)
優		職	
登 (癶 ... 登)	오를 등 climb 클라임 のぼる(トウ) 노보루(도—)	從 (彳 ... 從)	좇을 종 obey 오베이 したがう(ジュウ) 시따가우(쥬—)
登		從	
仕 (丿 亻 仁 什 仕)	벼슬 사 serve 써브 つかえる(シ, ジ) 쯔까에루(시, 지)	政 (丅 下 正 政 政 政)	정사 정 government 거번먼트 せいじ(セイ) 세이지(세이)
仕		政	

덕행을 닦고 학문을 쌓으면 벼슬이 높이 올라 국정까지 맡아서 처리할 수 있겠고, 직권을 쥐고 정사를 담당할 수 있다.

寢則連今(침즉연금) 잠자리에서는 이불을 나란히 하여 자고,
食則同案(식즉동안) 먹을 때에는 밥상을 함께 하라.

存	一ナ𠂇在存存	있을 존 exist 익그지스트 ある(ソン, ゾン) 아루(손, 존)
去	一十土𠫔去去	갈 거 leave 리브 さる(キョ, コ) 사루(쿄, 고)
以	𠃊𠃋以以	써 이 by 바이 もって(イ) 못떼(이)
而	一丆𠂆丙而而	말이을 이 and 앤드 しかし(ジ) 시까시(지)
甘	一十廿廿甘	달 감 sweet 스위트 あまい(カン) 아마이(간)
益	八亼㚎䒤益益	더할 익 increase 인크리스 ます(エキ) 마스(에끼)
棠	丷⺌尚尚堂棠	아가위 당 crab apple 크랩 애플 やまなし(トウ) 야마나시(도―)
詠	言言訁訁詠詠	읊을 영 sing 싱 うたう(エイ) 우따우(에이)

살아서는 감당수를 보존하여 기념하였고,

떠난 후엔 그의 선정을 감당시로 더욱 읊었다.

借人典籍(차인전적) 남의 책을 빌렸을 때에는
勿毁必完(물훼필완) 헐지 말고, 반드시 빌린 대로 완전하게 해야 한다.

樂	풍류 악 music 뮤직 たのしい(ラク) 다노시이(라꾸)	禮	예도 례 good manners 굳 매너즈 れい(レイ, ライ) 레이(레이, 라이)
殊	다를 수 different 디프런트 ことに(シュ) 고또니(슈)	別	다를 별 other 아더 ことなる(ベツ) 고또나루(베쯔)
貴	귀할 귀 honourable 어너러블 とうとい(ギ) 도우또이(기)	尊	높을 존 respect 리스펙트 とうとい(ソン) 도우또이(손)
賤	천할 천 vulgar 벌거 いやしい(ゾク) 이야시이(조꾸)	卑	낮을 비 mean 민 ひくい,いやしい(ヒ) 히꾸이, 이야시이(히)

풍류도 귀천에 따라 정도를 달리했고,

예의도 역시 높고 낮음을 구별하도록 했다.

兄無衣服(형무의복) 형에게 옷이 없으면
弟必獻之(제필헌지) 동생은 반드시 형에게 드려야 하고,

上 (丨 ⺊ 上)	윗 상 above 어버브 うえ(ジョウ) 우에(죠-)	夫 (一 二 夫 夫)	지아비 부 man 맨 おとこ, おっと(フ) 오도꼬, 옷또(후)
上		夫	
和 (一 千 禾 利 和 和)	화할 화 peaceful 피스풀 やわらぐ(ク) 야와라구(와)	唱 (口 口 叩 唱 唱 唱)	부를 창 sing 씽 よなえる(ショウ) 도나에루(쇼-)
和		唱	
下 (一 丅 下)	아래 하 below 빌로우 した(カ, ゲ) 시따(가, 게)	婦 (女 女 妇 婦 婦 婦)	며느리 부 daugher-in-law 도터 인 로 よめ(フ) 요메(후)
下		婦	
睦 (目 目 眭 睦 睦 睦)	화목 목 friendly 프렌드리 むつまじい(ボク) 무쯔마지이(보꾸)	隨 (阝 阝 陊 隋 隋 隨)	따를 수 follow 팔로우 したがう(ズイ) 시따가우(즈이)
睦		隨	
윗사람이 온화해야 아랫 사람도 화목하고,		남자가 선창하면 지어미도 이에 따른다.	

弟無飮食(제무음식) 동생이 먹을 것이 없으면
兄必與之(형필여지) 형은 마땅히 동생에게 주어야 한다.

外	ノクタ夕外	밖 외 outside 아웃사이드 そと(ガイ, ゲ) 소또(가이, 게)	入	ノ入	들 입 enter 엔터 いる(ニュウ) 이루(뉴—)
外			入		
受	一 ⺤ 爫 旡 受 受	받을 수 receive 리씨브 うける(ジュ) 우께루(쥬)	奉	三 声 夫 奉 奉	받들 봉 offer 어퍼 たてまつる(ホウ) 다떼마쯔루(호—)
受			奉		
傅	亻 仁 佃 俌 傅 傅	스승 부 teacher 티쳐 もり(フ) 모리(후)	母	ㄴ 口 母 母 母	어미 모 mother 마더 はは(ボ) 하하(보)
傅			母		
訓	二 亖 言 訁 訓 訓	가르칠 훈 instruct 인스트럭 おしえる(クン) 오시에루(군)	儀	亻 佯 佯 儀 儀 儀	거동 의 manners 메너즈 のり(キ) 노리(기)
訓			儀		
성장해서는 밖에서 스승의 교훈을 받고,			집안에 돌아와서는 어머니의 거동을 본받는다.		

兄飢弟飽(형기제포) 형이 배고픈데 동생만 배부르다면
禽獸之遂(금수지수) 금수나 할 짓이라,

한자	뜻·음	한자	뜻·음
諸	모두 제 all 올 もろもろ(ショ) 모로모로(쇼)	猶	같을 유 same 쌔임 なお(ユウ) 나오(유―)
諸		猶	
姑	할미 고 mother-in-law 마더 인 로 しうとめ(コ) 시우또메(고)	子	아들 자 son 썬 こ(シ) 고(시)
姑		子	
伯	맏 백 elder 엘더 かしら(ハク) 가시라(하꾸)	比	견줄 비 compare 컴패어 くらべる(ヒ) 구라베루(히)
伯		比	
叔	아재비 숙 uncle 엉클 おじ(シュク) 오지(슈꾸)	兒	아이 아 child 촤일드 こ(ジ, ニ) 고(지, 니)
叔		兒	

고모와 백부, 숙부는 모두 아버지의 형제 자매이며,

조카는 형제의 자식이니 자기 친자식 같이 사랑하여야 한다.

兄弟之情(형제지정) 형제간의 정은
友愛而已(우애이기) 서로 우애하는 것이다.

孔	一 了 子 孔	구멍 공 hole 호울 あな(コウ) 아나(고—)	同	丨 冂 冂 冋 同 同	한가지 동 same 쌔임 おなじ(トウ) 오나지(도—)
孔			同		
懷	忄 忙 忙 懔 懔 懷	품을 회 cherish 췌리쉬 いだく(カイ) 이다꾸(가이)	氣	𠂉 气 气 氛 氣 氣	기운 기 air 에어 き(キ) 기(기)
懷			氣		
兄	丨 冂 口 尸 兄	맏 형 elder brother 엘더 부라더 あに(ケイ, キョウ) 아니(게이, 규—)	連	亘 亘 車 車 連 連	연할 련 connect 코넥트 つらなる(レン) 쓰라나루(렌)
兄			連		
弟	丷 当 当 弟 弟 弟	아우 제 younger brother 영거 부라더 おとうと(テイ) 오도—또(데이)	枝	十 木 木 杧 枋 枝	가지 지 branch 브렌치 えだ(シ) 에다(시)
弟			枝		

간절히 그리워하는 것은 형제이니,

즉, 한 핏줄의 형제를 말한다.

飮食親前(음식친전) 어버이 앞에서 음식을 먹을 때에는
勿出器聲(물출기성) 그릇 부딪치는 소리를 내지 말라.

交	亠 六 交 交 交	사귈 교 associate 어쏘시에이트 まじわる (コウ) 마지와루(고—)	**切**	一 七 切 切	끊을 절 cut 컷트 きる (セツ) 기루(세쯔)
交			切		
友	一 ナ 方 友	벗 우 friend 프렌드 とも (ユウ) 도모(유—)	**磨**	亠 广 麻 麽 磨	갈 마 polish 폴리쉬 みがく (マ) 미가꾸(마)
友			磨		
投	扌 扌 扌 扒 投 投	던질 투 throw 스로루 なげる (トウ) 나게루(도—)	**箴**	⺮ 竺 箴 箴 箴 箴	경계 잠 check 첵크 はり (シン) 하리(신)
投			箴		
分	丿 八 分 分	나눌 분 divide 디바이드 わける (ブン) 와께루(분)	**規**	二 夫 夫 知 規 規	법 규 regulation 레귤레이션 ぶんまわし (キ) 분마와시(기)
分			規		
교우의 진수는 따뜻한 애정을 갖는 동시에,			서로 경계하여 바로잡아 주는데 있는 것이다.		

居必擇隣(거필택린) 거처는 반드시 이웃을 가려 하고,
就必有德(취필유덕) 나아감에는 덕 있는 이에게 가라.

仁	亻 仁	어질 인 humane 휴메인 いつくしむ(ジン) 이쯔꾸시무(진)
造	牛 告 告 浩 造	지을 조 make 메이크 つくる(ソウ) 쓰꾸루(소—)
仁		造	
慈	䒑 𠂉 玄 兹 慈 慈	사랑 자 mercy 머시 いつくしむ(ジ) 이쯔꾸시무(지)
次	冫 冫 次 次 次	버금 차 next 넥스트 つぎ(シ, ジ) 쓰기(시, 지)
慈		次	
隱	阝 阝 阝 阝 隠 隱	숨을 은 hide 하이드 かくれる(イン) 가꾸레루(인)
弗	ㄱ ㅋ 弓 弔 弗	말 불 not 낫 あらず(フツ) 아라즈(후쯔)
隱		弗	
惻	忄 忄 忄 惻 惻 惻	슬플 측 pity 피티 いたむ(ソク) 이따무(소꾸)
離	离 离 離 離 離 離	떠날 리 leave 리브 はなれる(リ) 하나레루(리)
惻		離	

사람이라면 인후하고 자애스러우며 측은한 마음을 품고 있음에도 불구하고,

일단 악덕에 감염되면 존귀한 본성을 상실하게 되는 것이다.

父母衣服(부모의복) 부모님의 옷은
勿踰勿踐(물유물천) 넘지도 말고 밟지도 말라.

節	𥫗 笁 笛 笜 節 節	마디 절 joint 조인트 ふし(セツ) 후시(세쯔)	顚	亠 自 眞 眞 顚 顚	넘어질 전 fall down 폴 다운 いただき(セン) 이따다끼(센)
節			顚		
義	亠 兰 羊 荖 義 義	옳을 의 righteousness 라이쳐스니스 のり(ギ) 노리(기)	沛	氵 氵 汁 泞 沛 沛	자빠질 패 fall backward 폴백워드 さわ(ハイ) 사와(하이)
義			沛		
廉	广 庐 庠 廉 廉 廉	청렴 렴 modest 모디스트 かど(レン) 가도(렌)	匪	匚 厂 厞 匪 匪 匪	아닐 비 not 낫 あらず(ヒ, ビ) 아라즈(히, 비)
廉			匪		
退	ヨ 艮 艮 退 退 退	물러갈 퇴 retreat 리트리트 しりぞく(タイ) 시리조꾸(다이)	虧	广 虍 虍 虘 虧 虧	이지러질 휴 wane 웨인 かける(キ) 가께루(기)
退			虧		

절조를 지키고 의리를 가지면서 물리침은, 쉽게 이지러지지 않는다.

書机書硯(서궤서연) 책상과 벼루는
自黥其面(자경기면) 그 바닥을 정면으로부터 하라.

性	성품 성 nature 내츄어 うまれつき(セイ) 우마레쯔끼(세이)	心	마음 심 mind 마인드 こころ(シン) 고꼬로(신)
靜	고요 정 quiet 콰이어트 しずか(セイ) 시즈까(세이)	動	움직일 동 move 무브 うごく(ドウ) 우고꾸(도-)
情	뜻 정 feeling 휠링 なさけ(ジョウ) 나사께(죠-)	神	귀신 신 god 가드 かみ(シン) 가미(신)
逸	편안 일 ease 이즈 やすらか(イツ) 야스라까(이쯔)	疲	가쁠 피 tired 타이어드 つかれる(ヒ) 쯔까레루(히)

사람은 본성이 고요하면 마음이 편안하고, 마음이 동요하면 신경이 지쳐 버린다.

勿與人鬪(물여인투) 남과 더불어 싸우지 말 것이니,
父母憂之(부모우지) 부모께서 이것을 근심하니라.

守	丶 宀 宀 守 守	지킬 수 keep 킵 まもる(シュ) 마모루(슈)
逐	一 丆 豕 豕 豖 逐	쫓을 축 expel 익스펠 おう(チク) 오-(찌꾸)
眞	一 匕 旨 直 眞 眞	참 진 true 추루 まこと(シン) 마고또(신)
物	丿 牛 牜 牞 物 物	만물 물 matter 매터 もの(ブツ) 모노(부쯔)
志	一 十 士 志 志 志	뜻 지 intend 인텐드 こころざし(シ) 고꼬로자시(시)
意	亠 立 音 音 意 意	뜻 의 intention 인텐션 こころ(イ) 고꼬로(이)
滿	氵 汁 浒 滿 滿 滿	가득할 만 full 풀 みちる(マン) 미찌루(만)
移	禾 秒 秒 移 移 移	옮길 이 remove 리무브 うつる(イ) 우쯔루(이)

참된 길을 지키면 뜻이 가득해지고,

물욕을 따르면 마음은 각처로 옮겨 정착할 줄 모른다.

出入門戶(출입문호) 문을 출입할 때에는
開閉必恭(개폐필공) 열고 닫는 것을 반드시 공손히 하라.

堅	굳을 견 hard 하드 かたい(ケン) 가따이(겐)	好	좋을 호 good 굳 よい(コウ) 요이(고-)
堅		好	
持	가질 지 hold 홀드 もつ(チ, ジ) 모쯔(찌, 지)	爵	벼슬 작 rank 랭크 くらい(ジャク) 구라이(쟈꾸)
持		爵	
雅	맑을 아 refined 리파인드 みやびやか(ガ) 미야비야까(가)	自	스스로 자 self 셀프 みずから(ジ) 미즈까라(지)
雅		自	
操	잡을 조 manage 메니지 あやつる(ソウ) 아야쯔루(소-)	縻	얽을 미 tie up 타이 업 つなぐ(ビ) 쯔나구(비)
操		縻	

사람이 견고한 지조를 굳게 가지면,

높은 지위는 스스로 그에게 얽히어 이른다.

紙筆硯墨(지필연묵) 종이와 붓과 벼루와 먹은
文房四友(문방사우) 글방의 네 벗이다.

都	土 耂 者 者 都 都	도읍 도 metropolis 메트로폴리스 みやこ(ト) 미야꼬(도)	東	一 ㄇ 日 申 東 東	동녘 동 east 이스트 ひがし(トウ) 히가시(도-)
都			東		
邑	ㄇ 口 뮤 뮤 뮤 邑	고을 읍 town 타운 むら(コウ) 무라(고-)	西	一 ㄇ 丙 丙 西 西	서녘 서 west 웨스트 にし(セイ) 니시(세이)
邑			西		
華	艹 艹 丗 丗 丗 華	빛날 화 shine 샤인 はなやか(カ) 하나야까(가)	二	一 二	두 이 two 투 ふたつ(ニ) 후따쯔(니)
華			二		
夏	一 丆 百 頁 夏 夏	여름 하 summer 썸머 なつ(カ, ゲ) 나쯔(가, 게)	京	亠 古 古 亨 亨 京	서울 경 capital 캐피탈 みやこ(キョウ, ケイ) 미야꼬(교-, 게이)
夏			京		

중국은 자기 나라의 국명을 화하라 불러, 세계의 대국임을 자랑했고, 동경, 서경의 두 도읍이 있다.

晝耕夜讀(주경야독) 낮에는 밭을 갈고, 밤에는 글을 읽고,
夏禮春詩(하례춘식) 여름에는 예를 익히고 봄에는 시를 배운다.

背	등 배 back 백 せ(ハイ) 세(하이)	浮	뜰 부 float 플로우트 うかぶ(フ) 우까부(후)
背		浮	
邙	터 망 name of hill 네임 오브 힐 やまのな(ボウ) 야마노나(보-)	渭	위수 위 name of river 네임 오브 리버 かわのな(イ) 가와노나(이)
邙		渭	
面	낯 면 face 훼이스 かお(メン) 가오(멘)	據	웅거할 거 depend upon 디펜드 어펀 よる(キョ) 요루(교)
面		據	
洛	낙수 락 name of river 네임 오브 리버 かわのな(ラク) 가와노나(라꾸)	涇	경수 경 flow straight 플로우 스트레이트 とおる(ケイ) 도오루(게이)
洛		泾	

북망산을 등지고 낙수를 향하였고,

위수가에 떠 있는 장안은 경수를 의지하고 있다.

言行相違(언행상위) 말과 행실이 서로 다르면
辱及于先(욕급우선) 욕이 선영에 미치고,

宮	집 궁 palace 팰리스 みや(キュウ) 미야(규-)	樓	다락 루 upper story 어퍼 스토리 たかどの(ロウ) 다까도노(로-)
殿	전각 전 palace 팰리스 との(テン) 도노(덴)	觀	볼 관 behold 비홀드 みる(カン) 미루(간)
盤	소반 반 vessel 베쓸 おおざら(バン) 오오자라(반)	飛	날 비 fly 플라이 とぶ(ヒ) 도부(히)
鬱	답답할 울 depressed 디프래스트 ふさぐ(ウツ) 후사구(우쯔)	驚	놀랄 경 frighten 푸라이튼 おどろく(キョウ) 오도로꾸(교-)

궁과 전은 고대한데 빽빽하게 들어찼고,

고루와 관대는 새가 하늘을 날으는 듯 솟아 놀랍기만 하다.

行不如言(행불여언) 행실이 말과 다르면
辱及于身(욕급우신) 욕이 자신의 몸에 미친다.

圖	冂冋啚啚圖圖	그림 도 diagram 다이아그램 え, えがく(ズ) 에, 에가꾸(즈)	畫	⺕⺕聿書畫畫	그림 화 picture 픽쳐 え, えがく(ガ) 에, 에가꾸(가)
圖			畫		
寫	宀宀宀宀寫寫	쓸 사 sketch 스켓치 うつす(シャ) 우쯔스(샤)	彩	𠂆爫爫采采彩	채색 채 coloured 칼라드 いろどる(サイ) 이로도루(사이)
寫			彩		
禽	人亼今禽禽禽	새 금 birds 버즈 とり(キン) 도리(긴)	仙	ノ亻仁仙仙	신선 선 fairy 페어리 せんにん(セン) 센닌(센)
禽			仙		
獸	吅畄畕嘼獸獸	짐승 수 wild beast 와일드 비스트 けもの(ジュウ) 게모노(쥬-)	靈	雨雨霝霝靈靈	신령 령 spirit 스피리트 たましい(レイ) 다마시이(레이)
獸			靈		
베낀 그림은 인륜을 벗어난 불륜한 자를 뜻하고,			채색으로 그린 그림은 신선과 영위를 말한다.		

事親至孝(사친지효) 어버이를 섬김에는 효도를 다하고,
養志養體(양지양체) 뜻을 받들고, 몸을 잘 봉양해야 한다.

丙	一 一 丆 丙 丙 丙	남녘 병 south 싸우쓰 みなみ(ヘイ) 미나미(헤이)	甲	丨 冂 日 日 甲	갑옷 갑 armour 아머 よろい(コウ) 요로이(고-)
丙			甲		
舍	人 亼 亼 仐 舎 舍	집 사 house 하우스 いえ(シャ) 이에(샤)	帳	冂 巾 帄 帄 帳 帳	장막 장 curtain 커튼 とばり(チョウ) 도바리(죠-)
舍			帳		
傍	亻 伫 倅 倅 傍 傍	곁 방 side 싸이드 かたわら(ボウ)	對	业 业 丵 丵 對 對	대답 대 reply 리플라이 こたえる(タイ) 고따에루(아이)
傍			對		
啓	一 ョ 戶 戶 啟 啓	열 계 enlighten 인라이튼 ひらく(ケイ) 히라꾸(게이)	楹	木 朽 朽 枴 楹 楹	기둥 영 pillar 필러 はしら(エイ) 하시라(에이)
啓			楹		

궁중 신하들이 쉬는 곳은 옆이 열려 있으며,

마주 선 두 기둥에 갑장을 쳤다.

雪裡求筍 (설리구순) 눈 속에서 죽순을 구해 온 것은
孟宗之孝 (맹종지효) 맹종의 효도이고,

肆	镸 镸 镸 镸 镸 肆	방자할 사 reckless 렉크리스 ほしいまま(シ) 호시이마마(시)	鼓	士 吉 壴 壴 壴 鼓	북 고 drum 드럼 たいこ(コ) 다이꼬(고)
肆			鼓		
筵	𥫗 𥫗 竿 筵 筵 筵	자리 연 bamboo mat 뱀부 맷트 むしろ(エン) 무시로(엔)	瑟	王 玨 玨 玨 琵 瑟	비파 슬 flute 플룻 おおごと(シツ) 오오고또(시쯔)
筵			瑟		
設	言 言 訁 訁 設 設	베풀 설 establish 이스테블리쉬 もうける(セツ) 모우께루(세쯔)	吹	口 口 口 口 吹 吹	불 취 blow 블로우 ふく(スイ) 후꾸(스이)
設			吹		
席	广 户 庐 庐 席 席	자리 석 seat 시이트 せき(セキ) 세끼(세끼)	笙	𥫗 𥫗 竺 竿 竿 笙	저 생 flute 플룻 しょうのふえ(セイ) 쇼우노후에(세이)
席			笙		
돗자리를 펴서 좌우를 정한 후,			비파를 뜯고 생황저를 불어서 흥을 돋군다.		

叩氷得鯉(고빙득리) 얼음을 깨뜨려서 잉어를 얻은 것은
王祥之孝(왕상지효) 왕상의 효도다.

陞	阝 阝 阝 阝 阝 陞	오를 승 ascend 어샌드 のぼる(ショウ) 노보루(쇼-)	弁	厶 厶 厶 弁 弁	고깔 변 conical cap 코니컬 캡 かんむり(ベン) 간무리(벤)
陞			弁		
階	阝 阝 阝 阝 階 階	섬돌 계 stair 스테어 きざはし(カイ) 기자하시(가이)	轉	亘 車 軸 輔 轉 轉	구를 전 turn 턴 ころぶ(テン) 고로부(덴)
階			轉		
納	幺 糸 糸 紀 納 納	드릴 납 offer 어퍼 おさめる(ノウ) 오사메루(노-)	疑	匕 吴 吴 吴 疑 疑	의심 의 doubt 다우트 うたがう(ギ) 우다가우(기)
納			疑		
陛	阝 阝 阝 阝 陛 陛	섬돌 폐 steps 스텝스 きざはし(ヘイ) 기자하시(헤이)	星	冂 日 戸 旦 星 星	별 성 star 스타 ほし(セイ) 호시(세이)
陛			星		
폐계를 올라 전중에 들어가니,			고관들의 관에 장식한 주옥들은 별이 아닌가 의심스러웠다.		

晨必先起(신필선기) 새벽에는 반드시 부모님보다 먼저 일어나고,
暮須後寢(모수후침) 저녁에는 모름지기 부모님보다 늦게 자야 한다.

右	一 ナ 才 右 右	오른쪽 우 right 라이트 みぎ(ユウ, ウ) 미기(고-, 우)	左	一 ナ 𠂇 左 左	왼쪽 좌 left 래프트 ひだり(サ) 히다리(사)
右			左		
通	マ 乃 甬 甬 甬 通	통할 통 pass through 패스 쓰루 とおる(ツウ) 도오루(쯔우)	達	土 丰 坴 幸 幸 達	통할 달 reach 리취 いたる(タツ) 이따루(다쯔)
通			達		
廣	广 庐 庠 庿 廣 廣	넓을 광 broad 브로드 ひろい(コウ) 히로이(고-)	承	㇖ 了 手 承 承 承	이을 승 hand dowm 핸드 다운 うける(ショウ) 우께루(쇼-)
廣			承		
内	丨 冂 内 内	안 내 inside 인사이드 うち(ナイ) 우찌(나이)	明	冂 日 明 明 明	밝을 명 bright 브라이트 あかるい(メイ) 아까루이(메이)
内			明		

바른편으로는 광내전까지 통하고,

왼편으로는 승명려에 이른다.

冬温夏凊(동온하청) 겨울에는 따뜻하게, 여름에는 서늘하게 해 드리고,
昏定晨省(혼정신성) 저녁에는 자리를 펴드리고, 새벽에는 안후를 살펴야 한다.

旣	白 𣅀 𣅂 𣅃 旣	이미 기 already 얼래디 すでに(キ) 스데니(기)	亦	丨 亠 ナ 亣 亦	또 역 also 올쏘 また(エキ, ヤク) 마따(에끼, 야꾸)
旣			亦		
集	亻 仁 隹 隹 隼 集	모을 집 gather 개더 あつまる(シュウ) 아쯔마루(슈-)	聚	耳 取 取 聚 聚 聚	모을 취 assemble 어쌤블 あつめる(シュウ) 아쯔마루(슈-)
集			聚		
墳	土 圵 坩 堉 墳 墳	무덤 분 grave 그레이브 はか(フン) 하까(훈)	群	彐 尹 君 君 君 群	무리 군 flock 플럭 むれ(グン) 무레(군)
墳			群		
典	丨 冂 冃 曲 曲 典	법 전 law 로우 のり(テン) 노리(덴)	英	艹 艹 芇 苀 英 英	꽃부리 영 flower 플라워 はな(エイ) 하나(에이)
典			英		
3황 5제의 전적을 이미 모으고,			또한 수 많은 영재가 모였다.		

出不易方(출불역방) 밖으로 나가서는 가는 곳을 바꾸지 말고
游必有方(유필유방) 나가서 놀 때에는 노는 곳이 분명해야 한다.

杜	一 十 木 木 朴 杜	막을 두 shut out 셧 아웃 ふさぐ(ト) 후사구(도)	漆	氵 汁 汰 沐 淶 漆	옻 칠 lacquer 래커 うるし(シツ) 우루시(시쯔)
杜			漆		
稾	亠 亠 亠 亯 亯 稾	짚 고 stalk of grain 스토크 오브 그레인 わら(コウ) 와우(고우)	書	⺈ ⺕ ⺕ 聿 書 書	글 서 write 롸이트 かく(ショ) 가꾸(쇼)
稾			書		
鍾	人 金 釒 鍾 鍾 鍾	술잔 종 goblet 고블리트 つぼ(ショウ) 쯔보(쇼-)	壁	尸 吊 居 辟 辟 壁	벽 벽 wall 월 かべ(ヘキ) 가베(헤끼)
鍾			壁		
隸	士 圭 隶 隸 隸 隸	종 례 attached 어탯취트 つく(レイ) 쯔꾸(레이)	經	幺 糸 紅 經 經 經	날실 경 warp of fabric 오프 오브 페브릭 たていと(キョウ) 다떼이또(교-)
隷			経		

두백도의 초서와 종요의 예서와,

과두문자의 칠서 그리고 공자 후손의 주택의 벽 속에서 얻은 경서가 더욱 귀중한 것이었다.

身體髮膚(신체발부) 신체와 머리카락과 살갗은
受之父母(수지부모) 부모로부터 물려 받은 것이니,

府	广 广 广 庎 府 府	마을 부 village 빌리지 むら(フ) 우라(후)	路	口 卩 足 趵 趻 路	길 로 road 로드 みち(ロ, ル) 미찌(로, 루)
府			路		
羅	罒 罒 罖 羅 羅 羅	벌릴 라 spread 스프레드 あみ(ラ) 아미(라)	俠	一 ナ 大 夾 夾 夾	의기 협 chivalry 쉬벌리 おとこだて(キョウ) 오도꼬다떼(교－)
羅			俠		
將	爿 爿 爿 將 將 將	장수 장 general 제너럴 たいしょう(ショウ) 다이쇼－(쇼－)	槐	木 杓 柛 槐 槐 槐	홰나무 괴 pagoda tree 파고다 츄리 えんじゅ(カイ) 엔쥬(가이)
將			槐		
相	十 才 木 相 相 相	서로 상 mutual 뮤추얼 あい(ショウ) 아이(쇼－)	卿	乊 卯 卿 卿 卿 卿	벼슬 경 lord 로드 くげ(キョウ) 구게(교－)
相			卿		

부에는 장상이 늘어섰고,

괴경의 저택이 길을 사이에 두고 즐비하게 늘어섰다.

不敢毁傷(불감훼상) 함부로 상하게 하지 않는 것이
孝之始也(효지시야) 효도의 시작이요,

戶	一 ㄱ ㅋ 戶	집 호 household 하우스홀드 と(コ) 도(고)	家	宀 宀 宇 家 家 家	집 가 house 하우스 いえ(カ, ケ) 이에(가, 게)
户			家		
封	土 圭 圭 圭 封 封	봉할 봉 seal up 실 업 とじる(ホウ) 도지루(호-)	給	纟 幺 糸 紒 給 給	줄 급 give 기브 たまう(キョウ) 다마우(교-)
封			給		
八	ノ 八	여덟 팔 eight 에잇 やっつ(ハチ) 얏쓰(하찌)	千	一 二 千	일천 천 thousand 싸우젼드 せん, ち(セン) 센, 찌(센)
八			千		
縣	目 県 県 県 縣 縣	고을 현 country 컨츄리 あがた(ケン) 아가따(겐)	兵	一 ㄏ 斤 斤 丘 兵	군사 병 soldier 쏠져 つわもの(ヘイ) 쯔와모노(헤이)
縣			兵		
8현의 민가에서 나오는 조세를 수입으로 삼도록 하고,			공신의 집에는 천병을 주어서 그들의 명령을 받도록 했다.		

立身行道(입신행도) 출세하여 도를 행하고,
揚名後世(양명후세) 이름을 후세에 남겨서

한자	뜻·음	한자	뜻·음
高	높을 고 high 하이 たかい(コウ) 다까이(고-)	驅	몰 구 drive 드라이브 かる(ク) 가루(구)
高		駆	
冠	갓 관 cap 캡 かんむり(カン) 간무리(간)	轂	바퀴 곡 hub of a wheel 허브 어브 어 휠 こしき(コク) 고시끼(고꾸)
冠		轂	
陪	모실 배 assist 어씨스트 たすける(バイ) 다스게루(바이)	振	떨칠 진 shake off 쇄이크 오프 ふるう(シン) 후루우(신)
陪		振	
輦	연 련 emperor's carriage 앰퍼러즈 캐리지 れんよ(レン) 렌요(렌)	纓	끈 영 throat-band 트로우트 밴드 ひも(エイ) 히모(에이)
輦		纓	
관을 높이 써 위의를 갖추며 천자의 수레에 배승하고,		수레가 달릴 때마다 관 끈이 흔들린다.	

以顯父母(이현부모) 부모님의 명성을 세상에 드러냄이
孝之終也(효지종야) 효도의 마침이다.

世	一 十 廿 廿 世	인간 세 world 월드 よ(セイ, セ) 요(세이, 세)	車	一 冂 冂 百 亘 車	수레 거 cart 카트 くるま(シャ) 구루마(샤)
世			車		
祿	礻 礻 礻 祄 祿 祿	녹 록 salary 쌜러리 ふち(ロク) 후찌(로꾸)	駕	カ 加 加 駕 駕 駕	멍에 가 carriage 케리지 のりもの(カ) 노리모노(가)
祿			駕		
侈	ノ 亻 亻 侈 侈 侈	사치 치 luxury 럭쥬어리 おごる(シ) 오고루(시)	肥	ノ 刀 月 月 肥 肥	살찔 비 plump 플럼프 こえる(ヒ) 고에루(히)
侈			肥		
富	宀 宀 宫 宫 富 富	부자 부 rich 리취 とむ(フ, フウ) 도무(후, 후-)	輕	百 亘 車 車 輕 輕	가벼울 경 light 라이트 かるい(ケイ) 가루이(게이)
富			輕		
자자손손 이어서 받는 세습의 국록은 호사스러울 만큼 풍부하고,			말은 살찌고 수레는 가볍다.		

言必忠信(언필충신) 말은 반드시 충실하고 진실하게 하며,
行必篤敬(행필독경) 행실은 반드시 지극히 공손히 하게 하라.

策	⺮ 𥫗 竺 笁 笧 策	꾀 책 plan 플랜 はかりごと(サク) 하까리고또(사꾸)	勒	廿 甘 苷 革 革 勒	새길 륵 carve 카브 きざむ(リク) 기자무(리꾸)
策			勒		
功	一 丅 工 巧 功	공 공 service 서어비스 いさお(ク) 이사오(구)	碑	厂 石 矿 砷 砷 碑	비석 비 monument 모뉴먼트 いしぶみ(ヒ) 이시부미(히)
功			碑		
茂	艹 艹 芹 芢 茂 茂	성할 무 flourishing 플러리싱 しげる(モ) 시게루(모)	刻	亠 士 步 亥 亥 刻	새길 각 carve 카브 きざむ(コク) 기자무(고꾸)
茂			刻		
實	宀 宙 审 實 實 實	열매 실 fruit み(ジツ)	銘	𠆢 厶 金 釸 釸 銘	새길 명 record 레코드 しるす(メイ) 시루스(메이)
實			銘		

영재들이 나라에 공을 세웠을 때에는 가상히 여겨, 비를 세워 그 사적을 새기고 글을 지어 찬미한다.

見善從之(견선종지) 선을 보거든 그것을 따르고
知過必改(지과필개) 허물을 알면 반드시 고쳐야 하고,

磻	물이름 반 name of river 네임 오브 리버 かわのな(ハン, ハ) 가와노나(한, 하)
佐	도울 좌 assist 어씨스트 たすける(サ) 다스께루(사)
溪	시내 계 streamlet 스트림렛 たに(ケイ) 다니(게이)
時	때 시 time 타임 とき(ジ) 도끼(지)
伊	저 이 that 댓 かれ(イ) 가레(이)
阿	언덕 아 bank 뱅크 おか(ア) 오까(아)
尹	맏 윤 elder 엘더 おさむ(イン) 오사무(인)
衡	저울대 형 balance 벨런스 はかり(コウ) 하까리(고-)

주나라의 태공망 여상과, 은나라의 이윤은,

시제의 급한 것을 구제했으며, 아형을 관명으로 썼다.

容貌端莊(용모단장) 용모는 단정하고 씩씩하게 하고,
衣冠肅整(의관숙정) 의복과 모자는 엄숙히 정제하고,

奄	一 ナ 大 夻 奋 奄	문득 엄 suddenly 써든리 たちまち(エン) 다찌마찌(엔)	微	彳 彴 徎 徨 徾 微	작을 미 small 스몰 かすか(ビ) 가스까(비)
奄			微		
宅	丶 丷 宀 宀 宅 宅	집 택 house 하우스 いえ(タク) 이에(다꾸)	旦	丨 冂 日 日 旦	아침 단 morning 모닝 あさ(タン) 아사(단)
宅			旦		
曲	丨 冂 曰 巾 曲 曲	굽을 곡 bent 벤드 まげる(キョク) 마게루(교꾸)	孰	亠 古 享 孰 孰 孰	누구 숙 who 후 だれ(ジュク) 다레(쥬꾸)
曲			孰		
阜	丿 户 户 自 自 阜	언덕 부 hill 힐 おか(フ) 오까(후)	營	火 炏 𤇾 𤇾 營 營	경영 영 manage 메네지 いとなむ(エイ) 이또나무(에이)
阜			營		

오랫동안 곡부에 살며,

단이 아니면 누가 이를 경영했으리오.

作事謀始(작사모시) 일을 할 때에는 처음을 꾀하고,
出言顧行(출언고행) 말을 할 때에는 행할 것을 생각할 것이며,

桓	굳셀 환 manly たけしい(カン) 다께시이(간)	濟	건널 제 cross a stream 크로스 어 스트림 わたる(サイ) 와따루(사이)
桓		済	
公	공작 공 baron 베이론 おおやけ(コウ) 오오야께(고-)	弱	약할 약 weak 위크 よわい(ジャク) 요와이(쟈꾸)
公		弱	
匡	바를 광 correct 코렉트 ただす(キョウ) 다다스(교-)	扶	붙들 부 support 써포트 たすける(フ) 다스께루(후)
匡		扶	
合	모을 합 join 조인 あう(ゴウ) 아우(고-)	傾	기울 경 incline 인클라인 かたむく(ケイ) 가다무꾸(게이)
合		傾	

군영 중에서 관중이란 영걸을 얻어 환공이, 일광천하한 위업을 찬미했으니,

약자를 구하고, 기울어진 것을 도왔다.

常德固持(상덕고지) 떳떳한 덕을 굳게 지니고,
然諾重應(연낙중응) 대답을 할 때에는 신중히 하라.

綺 (幺 糸 紵 絓 綺 綺)	비단 기 silk 실크 あやぎぬ(キ) 아야기누(기)	說 (言 言 訁 訁 訟 說)	기뻐할 열 joy 죠이 とく(セツ) 도꾸(세쯔)
綺		說	
回 (丨 冂 冂 冋 回 回)	돌아올 회 return to 리턴 투 めぐる(カイ, エ) 메구루(가이, 에)	感 (厂 后 咸 咸 感 感)	감동할 감 to influence 투 인플루언스 かんずる(カン) 간즈루(간)
回		感	
漢 (氵 汁 浩 漟 漢 漢)	한나라 한 name of a nation 네임 어브 어 내이션 かわのな(カン) 가와노나(간)	武 (二 干 正 武 武)	호반 무 military 밀리터리 たけしい(ズ) 다께시이(즈)
漢		武	
惠 (一 亩 亩 叀 惠 惠)	은혜 혜 benefit 베니피트 めぐみ(ケイ) 메구미(게이)	丁 (一 丁)	네째 정 the fourth 더 포스 ひのと(テイ) 히노또(데이)
惠		丁	

혜제가 태자로서 폐위의 위기에 있을 때 기리계 등의 덕으로 그 자리를 회복했고,

부열은 무정을 감화시켰다.

飮食愼節(음식신절) 음식을 먹을 때에는 절제하고,
言爲恭順(언위공순) 말씨는 공손히 하라.

俊	亻 伫 佡 佡 俊 俊	준걸 준 eminent 에미넌트 すぐれる(ジュン) 스구레루(쥰)	多	ノ ク タ タ 多 多	많을 다 many 매니 おおい(タ) 오오이(다)
俊			多		
乂	ノ 乂	어질 예 humane 휴메인 かる(カイ) 가루(가이)	士	一 十 士	선비 사 scholar 스칼라 さむらい(シ) 사무라이(시)
乂					
密	宀 宓 宓 宓 密 密	빽빽할 밀 dense 댄스 ひそか(ミツ) 히소까(미쯔)	寔	宀 宀 宁 宜 寔 寔	진실로 식 true 츄루 まこと(ショク) 마고또(쇼꾸)
密			寔		
勿	ノ 勹 勺 勿	말 물 not 낫 なかれ(モチ, ブツ) 나까레(모찌, 부쯔)	寧	宀 宓 宻 寍 寍 寧	편안 녕 peaceful 피스풀 やすい(ネイ) 야스이(네이)
勿			寧		
훌륭한 사람들인 현직 대신들이 힘써 일하니,			다수의 인재는 참으로 편안하다.		

起居坐立(기거좌립) 일어서고 앉으며, 앉아 있고 서 있는 것이
行動擧止(행동거지) 바로 행동거지니라.

晉	나라 진 name of nation 네임 어브 네이션 くにのな(シン) 구니노나(신)	趙	나라 조 name of state 네임 오브 스테이트 くにのな(チョウ) 구니노나(죠－)
楚	나라 초 name of nation 네임 오브 네이션 くにのな(ソ) 구니노나(소)	魏	나라 위 name of nation 네임 어브 네이션 くにのな(イ) 구니노나(미)
更	다시 갱 change 체인지 あらためる(コウ) 아라다메루(고－)	困	곤할 곤 suffer 써퍼 よる(イン) 요루(인)
霸	으뜸 패 chief 치프 はたがしら(ハ) 하따가시라(하)	橫	비낄 횡 crosswise 크로스와이즈 よこ(オウ) 요꼬(오－)

진나라와 초나라는 교대로 패자가 되었고,

조나라와 위나라는 연횡설 때문에 곤란을 제일 많이 겪었다.

禮義廉恥(예의염치) 예와 의와 염과 치를 지킬 것이니,
是謂四維(시위사유) 이것을 사유라 한다.

假	亻 仁 作 作 假 假	거짓 가 unreal 언리얼 かり(カ) 가리(가)	踐	口 𧾷 𧾷 踐 踐 踐	밟을 천 tread upon 트레드어펀 ふむ(セン) 후무(센)
假			践		
途	人 亽 今 余 余 途	길 도 road 로드 みち(ト) 미찌(도)	土	一 十 土	흙 토 earth 어쓰 つち(ト, ド) 쯔찌(도)
途			土		
滅	氵 汇 沪 泝 減 滅	멸할 멸 be overthrown 비 오버드로운 ほろびる(メツ) 호로비루(메쯔)	會	人 合 侖 侖 會 會	모을 회 meet 미트 あう(カイ) 아우(가이)
滅			會		
虢	夕 孚 孚 虢 虢 虢	나라 괵 name of state 네임오브 스테이트 くにのな(カク) 구니노나(가따)	盟	日 明 明 明 盟 盟	맹세 맹 oath 오우드 ちかう(メイ) 찌까우(메이)
虢			盟		

진헌공은 우나라에 길을 빌어 괵나라를 멸했고,	진문공은 제후를 천토에 회합시켜 맹약하게 했다.

德業相勸(덕업상권) 덕은 서로 권하고,
過失相規(과실상규) 허물은 서로 규제하며,

何	亻仁仃何何何	어찌 하 what 왓 なに(カ) 나니(가)
韓	卓 韓	나라 한 nation 네이션 くにのな(カン) 구니노나(간)
遵	八 酋 尊 遵	좇을 준 obey 오베이 したがう(シュン) 시다가우(슌)
弊	敝 弊	해칠 폐 corruption 코럽션 へい(ヘイ) 헤이(헤이)
約	く 幺 糸 約 約	언약 약 promise 프롬이스 やくそく(ヤク) 야꾸소꾸(야꾸)
煩	火 炘 煩 煩	번거할 번 troublesome 트러블썸 わずらわしい(ハン) 와즈라와시이(한)
法	氵 汁 法 法	법 법 law 로우 のり, おきて(ホウ) 노리, 오끼떼(호-)
刑	一 二 开 刑 刑	형벌 형 punishment 퍼니쉬먼트 のり(ケイ) 노리(게이)

소하가 가장 잘 준봉했고,

한비의 번거로운 형법은 해악이 많았다.

禮俗相交(예속상교) 예의와 풍속으로 서로 사귀고,
患難相恤(환난상휼) 환난을 당할 때에는 서로 구휼하라.

起	土 丰 走 起 起 起	일어날 기 rise 라이스 おきる(キ) 오끼루(기)	用	丿 冂 月 月 用	쓸 use 유즈 もちいる(ヨウ) 모찌이루(요우)
起			用		
翦	䒑 前 前 前 翦 翦	자를 전 scissors 씨저스 きる(セン) 기루(센)	軍	冖 冖 冒 冒 冟 軍	군사 군 military 밀리터리 つわもの(クン) 쯔와모노(군)
翦			軍		
頗	厂 皮 皮 皮 頗 頗	자못 파 quite 콰이트 すこぶる(ハ) 스꼬부루(하)	最	日 旦 早 冣 最 最	가장 최 most 모스트 もっとも(サイ) 못또모(사이)
頗			最		
牧	丿 牛 牛 牛 牧 牧	칠 목 nourish 너리쉬 まき(ボク) 마끼(보꾸)	精	丷 米 米 精 精 精	정성스러울 정 earnest 어니스트 まこころ(ショウ) 마고꼬로(쇼)
牧			精		

백기, 왕전, 염파, 이목 등은 무장으로서,

그 용병술이 뛰어났던 것을 찬양했다.

父義母慈(부의모자) 아버지는 의롭고 어머니는 자애롭고,
兄友弟恭(형우제공) 형은 우애하고 동생은 공손하고,

宣	宀 宀 宁 宁 宣 宣	베풀 선 proclaim 프로클레임 のべる(セン) 노베루(센)	馳	𠂉 馬 馬 馰 馳 馳	달릴 치 run quickly 런 퀵클리 はせる(チ) 하세루(찌)
宣			馳		
威	厂 厂 厂 厈 威 威	위엄 위 dignity 디그니티 たけし(イ) 다께시(이)	譽	𠂉 𦥑 𦥑 與 譽 譽	기릴 예 praise 프레이즈 ほめる(ヨ) 호메루(요)
威			譽		
沙	氵 氵 沙 沙 沙 沙	모래 사 sand 쌘드 すな(サ) 스나(사)	丹	丿 冂 丹 丹	붉을 단 red 레드 あか(タン) 아까(단)
沙			丹		
漠	氵 汁 浀 渞 漠 漠	사막 막 sandy desert 쌘디 데져트 ひろい(バク) 히로이(바꾸)	青	二 丰 青 青 青 青	푸를 청 blue 블루 あおい(セイ) 아오이(세이)
漠			青		

중국 북서부의 몽고와 신강성 쪽이 위세를 떨치고,

명성을 마치 말이 달리듯이 빨리 전하며 후세에 남기기 위해 인물과 그 공적을 그리다.

夫婦有恩 (부부유은) 부부는 은혜로움이 있어야 하고,
男女有別 (남녀유별) 남녀는 분별이 있어야 한다.

九	ノ 九	아홉 구 nine 나인 ここのつ(キュウ) 고꼬노쯔(규-)	百	一 丆 丆 百 百 百	일백 백 hundred 헌드레드 もも(ヒャク) 모모(햐꾸)
九			百		
州	丶 丿 小 州 州 州	고을 주 region 리젼 しま(シュウ) 시마(슈-)	郡	ㄱ ㅋ 尹 君 君阝 郡	고을 군 political division 폴리티컬 디비젼 こおり(グン) 고오리(군)
州			郡		
禹	一 𠂆 石 禹 禹 禹	임금 우 name of king 네임 어브 킹 おうのな(ウ) 오우노나(우)	秦	三 丰 夫 夫 奉 秦	나라 진 name of state 네임 어브 스테이트 くにのな(シン) 구니노나(신)
禹			秦		
跡	足 足' 趾 跡 跡 跡	자취 적 traces 트레이시스 あと(セキ) 아도(세끼)	并	丷 ナ 十 廾 并 并	아우를 병 merge 머어지 あわす(ヘイ) 아와스(헤이)
跡			并		

하나라 우임금의 공적의 자취는 9주 였으며,

백군을 진나라가 병합했다.

貧窮患難(빈궁환난) 빈궁이나 환난 중에는
親戚相救(친척상구) 친척끼리 서로 돕고,

嶽	山 岂 岸 崖 崔 嶽	큰산 악 mountain 마운틴 おおきいやま(カク) 오-끼이야마(가꾸)	禪	礻 祀 禪 禪 禪 禪	봉선 선 memorial service 메모리알 서비스 しずか(ゼン) 시즈까(젠)
嶽			禪		
宗	宀 宀 宀 宇 宗 宗	근본 종 basic 배이식 むね(ソウ) 무네(소-)	主	丶 亠 十 キ 主	주인 주 host 호스트 おも(シュ) 오모(슈)
宗			主		
恒	忄 忄 忻 恒 恒 恒	항상 항 constant 콘스탄트 つね(コウ) 쯔네(고-)	云	一 二 云 云	이를 운 tell 텔 いう(ウン) 이우(운)
恒			云		
岱	亻 亻 代 代 岱 岱	산이름 대 name of mountain 네임 어브 마운틴 やまのな(イ) 야마노나(이)	亭	亠 亩 亩 亭 亭 亭	정자 정 pavilion 파빌리온 あずまや(テイ) 아스마야(데이)
岱			亭		
산악으로는 항산과 대산을 조종으로 삼고,			봉선의 제사를 행할 때 운운산과 정정산을 가장 소중하게 여긴다		

婚姻死喪(혼인사상) 혼인이나 초상이 있을 때에는
隣保相助(인보상조) 이웃끼리 서로 도와야 한다.

鴈	厂 厈 䧁 鴈 鴈 鴈	기러기 안 wild goose 와일드 구즈 かり(ガン) 가리(간)	鷄	爫 奚 奚 鷄 鷄 鷄	닭 계 cock 컥 にわとり(ケイ) 니와도리(게이)
鴈			鷄		
門	丨 冂 戶 門 門 門	문 문 gate 게이트 かど(モン) 가도(몬)	田	丨 冂 日 田 田	밭 전 field 필드 はだけ(テン) 하다께(덴)
門			田		
紫	卜 止 此 些 紫 紫	붉을 자 purple 퍼플 むらさき(シ) 무라사끼(시)	赤	十 土 产 赤 赤 赤	붉을 적 red 레드 あかい(セキ) 아까이(세끼)
紫			赤		
塞	宀 宔 寉 寒 塞 塞	변방 새 cold 콜드 さむい(カン) 사무이(간)	城	扌 圹 坂 城 城 城	재 성 castle 캐슬 しろ(ジョウ) 시로(죠-)
塞			城		

기러기 왕래하는 안문관과 만리장성이 가로 놓였으며, 계전이라는 새 밖의 광막한 지역과 옛날 치우가 살던 적성도 있다.

在家從父(재가종부) 집에 있을 때에는 아버지를 따르고,
適人從夫(적인종부) 시집 가서는 남편을 따르고,

昆	冂 日 旦 㫒 昆 昆	맏 곤 elder brother 엘더 부라더 あに(コン) 아니(곤)	鉅	金 釒 釒 鉅 鉅 鉅	클 거 great 그레이트 おおきい(キョ) 오오끼이(교)
昆			鉅		
池	丶 冫 氵 汈 池 池	못 지 pond 폰드 いけ(チ) 이께(찌)	野	甲 甲 里 野 野 野	거칠 야 wild 와일드 の(ヤ) 노(야)
池			野		
碣	石 石 砠 碣 碣 碣	비 갈 stone tablet 스톤 타블렛 いしぶみ(ゲツ) 이시부미(게쯔)	洞	氵 氵 汈 泂 洞 洞	골 동 cave 케이브 にわ(ドウ) 니와(도-)
碣			洞		
石	一 丆 不 石 石	돌 석 stone 스톤 いし(セキ) 이시(세끼)	庭	广 庀 庄 庭 庭 庭	뜰 정 yard 야드 にわ(テイ) 니와(데이)
石			庭		

중국 본토에는 험산 대호 거야가 많은데 못으로는 곤지요, 산으로는 갈석이요, 들로는 거야요, 호수로는 동정호가 그 대표적이다.

夫死從子(부사종자) 남편이 죽은 후에는 자식을 따르는 것,
是謂三從(시위삼종) 이것이 삼종지도 이다.

曠	빌 광 wilderness 와일더니스 ひろい(コウ) 히로이(고-)
巖	바위 암 rock 로크 いわ(ガン) 이와(간)
遠	멀 원 far 파 とおい(エン) 도오이(엔)
峀	산굴 수 orifice 오리피스 いわあな(シュウ) 이와아나(슈-)
綿	솜 면 cotton 커튼 わた(メン) 와따(멘)
杳	깊을 묘 abscure 옵스큐어 えう(ヨウ) 에우(요-)
邈	멀 막 far off 파 오프 とおい(バク) 도오이(바꾸)
冥	어두울 명 dark 닥크 くらい(メイ) 구라이(메이)

변새나 호수의 연못들이 널따랗게 멀리 계속되고 있어서 끝이 없으며,

산과 골짜기는 동굴과도 같아서 깊고 컴컴하다.

元亨利貞(원형이정) 원, 형, 이, 정은
天道之常(천도지상) 하늘의 떳떳함이요,

治	다스릴 치 govern 거번 おさめる(ジ) 오사메루(지)	務	힘쓸 무 endeavour 인데버 つとめる(ム) 쯔또메루(무)
治		務	
本	근본 본 origin 오리진 もと(ホン) 모또(혼)	玆	이 자 this 디스 これ(シ) 고레(시)
本		玆	
於	어조사 어 in 인 おいて(オ) 오이떼(오)	稼	심을 가 farming 파밍 うえる(カ) 우에루(가)
於		稼	
農	농사 농 agriculture 어그리컬츄어 たがやす(ノウ) 다가야스(노-)	穡	거둘 색 harvest 하베스트 とりいれ(ショク) 도리이레(쇼꾸)
農		穡	

나라 다스리는 근본은 농사에 터전을 두면서,

이 농사에 힘쓴다.

仁義禮智(인의예지) 인, 의, 예, 지는
人性之綱(인성지강) 인간 성품의 근본이다.

俶	亻 仁 仟 佧 俶 俶	비로소 숙 beginning 비기닝 はじめ(シュク) 하지메(슈꾸)	我	二 手 手 我 我 我	나 아 I 아이 われ(ガ) 와레(가)
俶			我		
載	土 壹 車 載 載 載	실을 재 load 로우드 のせる(サイ) 노세루(사이)	藝	艹 艹 艺 蓺 蓺 藝	심을 예 plant 플랜트 うえる(ゲイ) 우에루(게이)
載			藝		
南	十 冇 丙 南 南 南	남녘 남 south 싸우드 みなみ(ナン) 미나미(난)	黍	千 禾 夫 黍 黍 黍	기장 서 millet 밀리트 きび(ショ) 기비(쇼)
南			黍		
畝	亠 亩 亩 亩 畆 畝	이랑 묘 ridge of fields 리지 오브 필즈 せ(ボウ) 세(보)	稷	禾 秤 稗 稷 稷 稷	피 직 millet 밀리트 きび(ショク) 기비(쇼꾸)
畝			稷		
봄이 오면 남쪽 밭에서 일을 시작하고,			나는 기장을 심는다.		

非禮勿視(비례물시) 예가 아니거든 보지 말고,
非禮勿聽(비례물청) 예가 아니거든 듣지 말고,

稅	千 禾 秄 秆 税 稅	거둘 세 tax 텍스 みつぎ(ゼイ) 미쯔기(제이)	勸	艹 茾 萨 雚 蘿 勸	권할 권 advice 어드바이스 すすめる(カン) 스스메루(간)
稅			勸		
熟	亠 享 孰 孰 熟	익을 숙 ripe 라이프 みのる(ジュク) 미노루(쥬꾸)	賞	⺌ 𫩏 尚 常 賞 賞	상줄 상 prize 프라이즈 ほめる(ショウ) 호메루(쇼-)
熟			賞		
貢	一 丅 工 貢 貢 貢	바칠 공 offer as tribute 어퍼 애즈 트리뷰트 みつぎ(コウ) 미쯔기(고-)	黜	四 里 黑 黑 黜 黜	내칠 출 spot 스포트 てん(テン) 뎅(덴)
貢			黜		
新	亠 辛 亲 新 新 新	새 신 new 뉴 あたらしい(シン) 아다라시이(신)	陟	阝 阝 阝 阝 陟 陟	오를 척 ascend 어센드 のぼる(チョク) 노보루(쬬꾸)
新			陟		

공세의 의무를 다하면,

통치자는 담당관에게 상을 주거나 관위를 올려 포상할 것이며, 그렇지 못할 때에는 담당관을 내쫓는다.

非禮勿言(비례물언) 예가 아니거든 말하지 말고,
非禮勿動(비례물동) 예가 아니거든 움직이지 말라.

孟	了 子 子⁻ 舌 孟 孟	맏 맹 first 퍼스트 はじめ(モウ) 하지매(모-)	史	丨 冂 口 中 史	사기 사 history 히스토리 れきし(シ) 레끼시(시)
孟			史		
軻	亘 亘 車 軒 軻 軻	굴대 가 axis 액시스 かける(カ) 가께루(가)	魚	ノ ㇇ 各 角 鱼 魚	고기 어 fish 피쉬 さかな(ギョ) 사까나(교)
軻			魚		
敦	亠 亩 享 享 郭 敦	도타울 돈 generous 제너러스 あつい(トン) 아쯔이(돈)	秉	一 ㇀ 乒 乒 秉 秉	잡을 병 grasp 그랩스 とる(ハイ) 도루(하이)
敦			秉		
素	二 丰 丰 圭 素 素	흴 소 white 화이트 しろい(ソ) 시로이(소)	直	十 㐄 亣 育 直 直	곧을 직 straight 스트래이트 なおし(ジキ) 나오시(지끼)
素			直		
맹자는 하늘에서 받은 소성을 온전히 하려고 자기의 마음을 도탑게 기르고,			사어는 정직함을 견지한다.		

孔孟之道(공맹지도) 공자와 맹자의 도와
程朱之學(정주지학) 정주의 가르침은

庶	亠 广 庐 庐 庶 庶	거의 서 multitude 멀티듀드 ほとんど(ショ) 호똔도(쇼)	勞	丷 火 炏 炏 𤇾 勞	수고로울 로 toil 토일 つかれる(ロウ) 쯔까레루(로-)
庶			勞		
幾	幺 幺幺 丝 𢆶 幾 幾	거의 기 almost 얼머스트 ほとんど(キ) 호똔도(기)	謙	言 訁 詳 謙 謙 謙	겸손 겸 humble 험블 へりくだる 헤리구다루(겐)
幾			謙		
中	丨 冂 口 中	가운데 중 middle 미들 なか(チュウ) 나까(쮸-)	謹	言 訁 詳 諎 謹 謹	삼갈 근 careful 캐어풀 つつしむ(ギン) 쯔쯔시무(긴)
中			謹		
庸	广 户 户 肩 肩 庸	가운데 용 middle 미들 つね(ヨウ) 쓰네(요-)	勅	一 口 申 東 剌 勅	칙서 칙 imperial command 임페리얼 코멘드 みことのり(ソク) 미고또노리(소꾸)
庸			勅		

자기 분수에 맞추어 겸손하고 과실이 없도록 근신하여,	아무 일에나 착실히 하도록 자기 몸을 경계하고 바로 잡는다.

正其誼而(정기의이) 그 의를 바르게 할 뿐이며,
不謀其利(불모기리) 그 이익을 꾀하지 아니하고,

聆	耳 耳ノ 耳ㅅ 耳亼 耳今 聆	들을 령 hear 히어 ここ(レイ) 고꼬(레이)	鑑	金 釒 鈩 鈩 鍳 鑑	거울 감 mirror 미러 かがみ(カン) 가가미(간)
聆			鑑		
音	亠 立 立 产 音 音	소리 음 sound 사운드 おと(オン) 오또(온)	貌	豸 豸 豸 豹 貊 貌	모양 모 appearance 어피어런스 かたち(ボウ) 가따찌(보-)
音			貌		
察	宀 宊 宊 宊 察 察	살필 찰 watch 워치 つまびらかにする(サツ) 쯔마비라까니스루(사쯔)	辨	亠 立 辛 判 辨 辨	분별 변 dispute 디스퓨트 じょうずにいう(ベン) 죠우즈니이우(벤)
察			辨		
理	王 玗 玾 玾 理 理	이치 리 order 오더 おさめる(リ) 오사메루(리)	色	ノ ク 勺 刍 刍 色	빛 색 colour 칼라 いろ(ショク) 이로(쇼꾸)
理			色		
남의 말을 듣고 그 의중의 이치를 살피며,			또 그 용모와 안색을 거울삼아 그 심중을 분별한다.		

明其道而(명기도이) 그 도를 밝게 할 뿐이며,
不計其功(불계기공) 그 공을 계교하지 아니한다.

貽	丨 目 貝 貝ㄙ 貽 貽	남길 이 leave 리브 のこす(イ) 노꼬스(이)
勉	⺈ 𠂊 ⺈ 免 勉 勉	힘쓸 면 make efforts 메이크 에포츠 つとめる(ベン) 쓰도메루(벤)
厥	厂 厂 厂 厂 厥 厥	그 궐 the 더 それ(ケツ) 소레(게쯔)
其	一 十 卄 甘 其 其	그 기 that 댓 その(キ) 소노(기)
嘉	士 吉 壴 壴 嘉 嘉	아름다울 가 fine 파인 よい(カ) 요이(가)
祗	亍 礻 礻 祗 祗 祗	공경 지 respect 리스펙트 つつしむ(シ) 쯔쯔시무(시)
猷	八 酋 酋 酋 猷 猷	꾀 유 scheme 스킴 はかりごと(ユ) 하까리고또(유)
植	十 木 朾 柿 植 植	심을 식 plant 플랜트 うえる(ショク) 우에루(쇼꾸)

貽 勉 厥 其 嘉 祗 猷 植

그 훌륭한 계모를 남기고,

그 삼가하는 마음을 몸에 심기를 힘쓴다.

終身讓路(종신양로) 남에게 한평생 길을 양보하더라도
不枉百步(불왕백보) 백 걸음을 굽히지는 않는 것이요,

漢字	획순	뜻·음	漢字	획순	뜻·음
省	丨 小 少 少 省 省	살필 성 watch 워치 かえりみる(セイ) 가에리미루(세이)	寵	宀 宀 宀 寵 寵 寵	사랑할 총 favour 훼이버 いつくしむ(ソウ) 이쯔구시무(소－)
省			寵		
躬	自 身 身 身 躬 躬	몸 궁 body 바디 からだ(キュウ) 가라다(규－)	增	土 土 圹 圹 增 增	더할 증 increase 인크리즈 ます(ゾウ) 마스(조－)
躬			增		
譏	言 言 譏 譏 譏 譏	나무랄 기 censure 센슈어 そしる(ギ) 소시루(기)	抗	扌 扌 扌 扩 扩 抗	겨룰 항 resist 레지스트 てむかう(コウ) 데무까우(고－)
譏			抗		
誡	言 言 言 訴 誡 誡	경계할 계 warn 원 いましめる(ケイ) 이마시메루(게이)	極	木 朽 朽 極 極 極	극진할 극 utmost 어트모스트 きわめて(キョク) 기와메떼(교꾸)
誡			極		

사람은 남의 비방하는 말로 자기의 몸을 깊이 살펴야 하고,

총애가 더하면 오만해지기 쉬우니 평소에 삼가하고 억제하여 잘못을 범하지 않아야 한다.

終身讓畔(종신양반) 한평생 밭둑을 양보하더라도
不失一段(부실일단) 일 단보를 잃지는 않을 것이다.

殆	歹 歹 歹 歹 殆 殆	위태할 태 dangerous 데인져러스 あやうい(タイ) 아야우이(다이)	林	十 才 木 朩 村 林	수풀 림 forest 퍼리스트 はやし(リン) 하야시(린)
殆			林		
辱	厂 尸 尼 辰 辱 辱	욕할 욕 disgrace 디스그레이스 はずかしめ(ヨク) 하즈까시메(요꾸)	皐	丨 白 白 皁 皐 皐	언덕 고 bank 뱅크 おか(コウ) 오까(고-)
辱			皐		
近	厂 斤 斤 䜣 沂 近	가까울 근 near to 니어 투 さかい(キン) 찌까이(긴)	幸	亠 亠 立 立 坴 幸	다행 행 fortunate 퍼츄내이트 さいわい(コウ) 사이와이(고-)
近			幸		
恥	厂 F E 耳 耻 恥	부끄러울 치 shame 쇄임 はずかしい(チ) 하즈까시이(찌)	即	㇆ ヨ 艮 艮 即 即	곧 즉 immediately 이미디어트리 すなわち(ソク) 스나와찌(소꾸)
恥			即		
위태로움과 수치로움은 치욕에 가깝고,			소택이 있는 숲은 즉시 가는 것이 바람직하다.		

天開於子(천개어자) 자시에 하늘이 열리고,
地闢於丑(지벽어축) 축시에 땅이 열리고,

兩	一 冂 帀 币 丙 兩	두 량 couple 커플 ふたつ(リョウ) 후다쯔(료-)	解	⺈ 角 角 角ˊ 解ˊ 解	풀 해 untie 언타이 とく(カイ) 도꾸(가이)
兩			解		
疏	ㄱ 𤴓 𤴔 𤴔 𤴔 疏	멀 소 distant 디스턴트 うとい(ソ) 우또이(소)	組	ㄑ 幺 糸 糹 組 組	짤 조 compose 컴포즈 くむ(ソ) 구무(소)
疏			組		
見	丨 冂 月 目 貝 見	볼 견 see 씨 みる(ケン) 미루(겐)	誰	言 訁 訃 詐 誰 誰	누구 수 who 후 たれ(スイ) 다레(스이)
見			誰		
機	木 栥 檪 機 機 機	틀 기 machine 머쉰 はた(キ) 하따(기)	逼	一 亠 畐 畐 逼 逼	닥칠 핍 urge 어지 せまる(ヒツ) 세마루(히쯔)
機			逼		
소광과 소수가 기회를 보다가,			인끈을 풀면 누가 막을 것이랴.		

人生於寅(인생어인) 인시에 사람이 태어나니,
是謂太古(시위태고) 이 때를 태고라고 한다.

한자	뜻·음	한자	뜻·음
索	찾을 색 rope 로프 さがす(サク) 사가스(사꾸)	沈	잠길 침 sink 씽크 しずむ(チン) 시즈무(찐)
居	살 거 dwell 드웰 いる(キョ) 이루(교)	默	잠잠할 묵 silent 싸이런트 だまる(モク) 다마루(모꾸)
閑	한가할 한 leisure 레쥬어 しずか(カン) 시즈까(간)	寂	고요할 적 desolate 디졸레이트 しずか(テキ) 시즈까(데끼)
處	곳 처 place 플래이스 ところ(ショ) 도꼬로(쇼)	寥	고요할 료 solitary 솔리터리 さびしい(リョウ) 사비시이(료-)

산골짜기를 찾아 지켜 한가히 살고,

적막한 것을 지켜 정신을 기를 지어다.

君爲臣綱(군위신강) 임금은 신하의 근본이 되고,
父爲子綱(부위자강) 아버지는 자식의 근본이 되고,

求	一 寸 才 求 求 求	구할 구 seek after 시크 에프터 もとめる(キュウ) 모또메루(큐-)	散	艹 丗 昔 昔 背 散	흩을 산 disperse 디스퍼스 ちる(サン) 찌루(산)
求			散		
古	一 十 十 古 古	예 고 old 올드 ふるい(コ) 후루이(고)	慮	广 戶 虍 慮 慮 慮	생각 려 consider 컨씨더 かんがえる(リョ) 강가에루(료)
古			慮		
尋	⺕ ⺕ 尋 尋 尋 尋	찾을 심 investigate 인베스티게이트 たずねる(ジン) 다즈네루(진)	逍	丨 小 肖 肖 消 逍	노닐 소 ramble 램블 ぶらつく(ショウ) 부라쯔꾸(쇼-)
尋			逍		
論	言 訟 訟 論 論 論	의론 론 discuss 디스커스 とく(ロン) 도꾸(론)	遙	ク タ 夕 岳 䍃 遙	멀 요 distant 디스턴트 はるか(ヨウ) 하루까(요-)
論			遙		
옛사람의 뜻을 책 속에서 구하고,			답답한 마음을 흩어 버리기 위해 노닌다.		

夫爲婦綱(부위부강) 남편은 아내의 근본이 되는 것,
是謂三綱(시위삼강) 이것이 삼강이다.

欣 (厂 斤 斤 斤 欣 欣)	기쁠 흔 joy 조이 とろこぶ(キン) 요로꼬부(긴)	慼 (厂 厈 戚 戚 戚 慼)	슬플 척 grief 그리프 かなしい(セキ) 가나시이(세끼)
欣		慼	
奏 (三 声 夫 奏 奏 奏)	풍류 주 play music 플레이 뮤직 かなでる(ソウ) 가나데루(소-)	謝 (言 訂 訂 謭 謝 謝)	사례 사 thank 댕크 あやまる(シャ) 아야마루(샤)
奏		謝	
累 (冂 田 田 甲 累 累)	멜 루 tie 타이 かける(ル) 가께루(루)	歡 (艹 苗 萨 藋 藋 歡)	기쁠 환 please 플리이즈 よろこぶ(カン) 요로고부(간)
累		歡	
遣 (口 中 書 貴 遣 遣)	보낼 견 send 센드 おくる(ケン) 오꾸루(겐)	招 (扌 扌 扌 扣 招 招)	부를 초 beckon 벡큰 まねく(ショウ) 마네꾸(쇼-)
遣		招	
모든 번루를 잊어버리고 유유자적하니 즐거운 정은 모여들고,		슬픈 마음은 없어져 초탈한 경지에 도달한다.	

父子有親(부자유친) 부모와 자식 사이에는 친함이 있고,
君臣有義(군신유의) 임금과 신하 사이에는 의가 있고,

渠	氵 汇 洰 洰 渠 渠	개천 거 drain 드레인 みぞ(キョ) 미조(교)	園	冂 冋 周 周 園 園	동산 원 garden 가든 その(エン) 소노(엔)
渠			園		
荷	艹 芢 芢 苻 荷 荷	연 하 lotus 로터스 とし(カ) 도시(가)	莽	艹 芓 芺 芺 莽 莽	풀 망 undergrowth 언더그로우드 くち(ホウ) 구사(호-)
荷			莽		
的	亻 白 白 的 的 的	맞을 적 surely 슈어리 てき(テキ) 데끼(데끼)	抽	扌 扌 扣 抇 抽 抽	뺄 추 pull up 풀 업 ぬく(チュウ) 누꾸(쥬-)
的			抽		
歷	厂 厤 厤 厤 歷 歷	지날 력 pass through 페스 쓰루 へる(レキ) 헤루(레끼)	條	亻 亻 攸 攸 條 條	가지 조 latral branch 레트럴 브렌치 えた(ショウ) 에따(쇼-)
歷			條		
연잎의 선명함과,			무성한 초목의 가지를 스치는 미풍소리가 귀에 들리는듯 하다.		

夫婦有別(부부유별) 남편과 아내 사이에는 분별이 있고,
長幼有序(장유유서) 어른과 아이 사이에는 차례가 있고,

枇	木 朩 朩 朼 朼 枇	비파 비 lute 루트 びわ(ヒ) 비와(히)	梧	木 朩 杠 梧 梧 梧	오동 오 paulownia 퍼울로니어 あおぎり(ゴ) 아오기리(고)
枇			梧		
杷	十 木 朩 杞 杷 杷	비파 파 lute 루트 びわ(ハ) 비와(하)	桐	木 朩 桐 桐 桐 桐	오동 동 paulownia 퍼울로니어 あおぎり(トウ) 아오기리(도-)
杷			桐		
晩	日 旿 晩 晩 晩 晩	늦을 만 late 래이트 おそい(バン) 오소이(반)	早	丨 冂 冃 日 旦 早	이를 조 early 얼리 はやい(ソウ) 하야이(소-)
晩			早		
翠	ㄱ ㅋ 羽 翠 翠 翠	푸를 취 green 그린 みどり(スイ) 미도리(스이)	凋	冫 冂 冽 凋 凋 凋	마를 조 wither 위더 かわく(チョウ) 가와꾸(쪼-)
翠			凋		
비파나무는 겨울이 되어도 잎새가 마르지 않고,			오동나무는 일찍 시들어 떨어진다.		

朋友有信(붕우유신) 벗과 벗 사이에는 신의가 있는 것,
是謂五倫(시위오륜) 이것이 오륜이다.

陳	阝 阝 阿 陌 陣 陳	묵을 진 old 올드 ふるい(チン) 후루이(찐)	落	艹 艹 艿 莎 落 落	떨어질 락 fall 폴 おちる(ラク) 오찌루(라꾸)
陳			落		
根	木 木 村 杓 相 根 根	뿌리 근 root 루트 ね(コン) 네(곤)	葉	艹 艹 芒 荦 華 葉	잎사귀 엽 leaf 리이프 は(ヨウ) 하(요-)
根			葉		
委	二 千 禾 禾 委 委	맡길 위 entrust 인트러스트 ゆだねる(イ) 유다네루(이)	飄	币 西 票 飘 飘 飄	날릴 표 whirl 휠 つむじかぜ(ヒョウ) 쯔무지까제(효-)
委			飄		
翳	医 殹 殹 翳 翳 翳	가릴 예 shade 쇄이드 かざす(エイ) 가자스(에이)	颻	䍃 䍃 䍃 䍃 颻 颻 颻	나부낄 요 flap 플랩 つむじかぜ(ヨウ) 쯔무지까제(요-)
翳			颻		

오래된 나무뿌리는 저절로 마르도록 내버려져서,

나무잎이 말라서 떨어져 휘날린다.

視思必明(시사필명) 볼 때에는 반드시 밝게 볼 것을 생각하고,
聽思必聰(청사필총) 들을 때에는 반드시 밝게 들을 것을 생각하고,

遊	方 扩 斿 游 遊	놀 유 play 플레이 あそぶ(ユウ) 아소부(고-	凌	氵 氵 汢 凌 凌	이길 능 exceed 엑시드 しのぐ(リョウ) 시노구(료-)
遊			凌		
鯤	⺈ 鱼 魚 鯤	고기 곤 sea monster 시 몬스터 おおさかなのな(コン) 오오사까나노나(곤)	摩	广 麻 摩	만질 마 rub 러브 する(マ) 스루(마)
鯤			摩		
獨	犭 犭罒 獨	홀로 독 alone 어론 ひとり(ドク) 히또리(도꾸)	絳	糹 絳	붉을 강 deep red 디프 레드 あか(コウ) 아까(고-)
獨			絳		
運	冖 軍 運	운전 운 transport 트렌스포트 はこぶ(ウン)	霄	雨 霄	하늘 소 sky 스카이 そら(シュウ) 소라(슈-)
運			霄		

곤새가 마음대로 날개를 펴고 하늘을 운회할 때는,

날이 밝아 이른 아침이 되면 동쪽 하늘에 아침 해가 솟아 오른다.

色思必温(색사필온) 낯빛은 반드시 온순하게 할 것을 생각하고,
貌思必恭(모사필공) 얼굴은 반드시 공손하게 할 것을 생각하고,

耽	즐길 탐 pleasure 플레저 たのしむ(カン) 아노시무(간)	寓	살 우 dwell よせる(グ)
耽		寓	
讀	읽을 독 read 뤼드 よむ(トク) 요무(도꾸)	目	눈 목 eye 아이 め(モク) 메(모꾸)
讀		目	
翫	구경 완 play with 플레이 위드 けんぶつする(ガン) 겐부쯔스루(간)	囊	주머니 낭 purse 퍼스 ふくろ(ノウ) 후꾸로(노-)
翫		囊	
市	저자 시 market 마켓트 いち(シ) 이찌(시)	箱	상자 상 box 박스 はこ(ショウ) 하꼬(쇼-)
市		箱	

글이란 참으로 지혜와 덕을 주는 보고이며, 독서는 그 보고에 들어설 수 있는 열쇠이다.

言思必忠(언사필충) 말을 할 때에는 반드시 충직하게 할 것을 생각하고,
事思必敬(사사필경) 일을 계획할 때에는 반드시 삼가할 것을 생각하고,

易	冂 日 ⺝ 昜 易 易	쉬울 이 easy 이지 やすい(エキ) 야스이(에끼)	屬	尸 屄 屈 屬 屬 屬	붙일 속 belong 빌롱 つく(ソク) 쯔꾸(소꾸)
易			屬		
輶	亘 車 軒 輎 輎 輶	가벼울 유 light 라이트 かるい(ユウ) 가루이(유－)	耳	一 厂 F F 丐 耳	귀 이 ear 이어 みみ(ジ) 미미(지)
輶			耳		
攸	亻 亻 攸 攸 攸 攸	멀 유 distant 디스턴트 ところ(コウ) 도꼬로(고－)	垣	卜 圠 圢 坧 垣 垣	담 원 wall 월 かき(エン) 가끼(엔)
攸			垣		
畏	冂 田 罒 畏 畏 畏	두려울 외 fear 피어 おそれる(エ) 오소레루(에)	墻	卜 圵 埣 墻 墻 墻	담 장 wall 월 かき(ショウ) 가끼(쇼－)
畏			墻		
경솔한 말을 해서 남의 신상을 헐뜯거나 비방하지 말아야 하는 것은,			남의 귀가 언제나 담벽에 붙어 있는 탓이다.		

疑思必問(의사필문) 의문이 있을 때에는 반드시 묻고,
憤思必難(분사필난) 분노가 일 때에는 더욱 어려워질 것을 생각하고,

漢字	훈음	漢字	훈음
具	갖출 구 prepare 프리페어 そなわる(グ) 소나와루(구)	適	맞침 적 suitable 슈터블 かなう(テキ) 가나우(데끼)
膳	반찬 선 food 푸드 おかず(ゼン) 오까즈(젠)	口	입 구 mouth 마우쓰 くち(コウ) 구찌(고우)
飧	밥 손 supper 써퍼 めし(ソン) 메시(손)	充	채일 충 be full 비 풀 みちる(ジュウ) 미찌루(쥬-)
飯	밥 반 cooked rice 쿡드 라이스 めし(ハン) 메시(한)	腸	창자 장 bowels 바우엘스 はらわた(チョウ) 하라와따(쪼-)

잘 요리한 음식을 갖춘 식사를 하면,

입에 맞고 창자를 채운다.

見得思義(견득사의) 이득을 얻었을 때에는 의를 생각하는 것,
是謂九思(시위구사) 이것이 구사이다.

飽	배부를 포 eat to the full 잇 투 더 풀 あきる(ホウ) 아끼루(호-)	飢	주릴 기 starve 스타브 うえる(キ) 우에루(기)
飫	배부를 어 eat too much 잇 투 마취 あきる(ヨ) 아끼루(요)	厭	싫을 염 dislike 디스라이크 きらい(エン) 기라이(엔)
烹	삶을 팽 boil 보일 にる(ホウ) 니루(호-)	糟	재강 조 dregs 드레그즈 かず(ソウ) 가즈(소-)
宰	재상 재 ruler 룰러 つかさとる(サイ) 쯔까사또루(사이)	糠	겨 강 chaff 세프 ぬか(コウ) 누까(고-)

배가 채워져 있을 때는 사치스러운 음식도 싫증이 나는 법이고,

굶주렸을 때는 술찌끼와 겨 같은 조식으로도 만족하게 생각한다.

足容必重(족용필중) 발은 반드시 무겁게 하고,
手容必恭(수용필공) 손은 반드시 공손히 하고,

親	亠 亲 辛 新 䜣 親 親	친할 친 intimate 인티메이트 したしい(シン) 시따시이(신)	老	一 十 土 耂 耂 老	늙을 로 old 올드 おいる(ロウ) 오이루(로-)
親			老		
戚	厂 圧 戶 戹 戚 戚	겨레 척 relatives 렐라티브스 みうち(セキ) 미우찌(세끼)	少	亅 小 小 少	적을 소 a few 어 퓨 すくない(ショウ) 스꾸나이(쇼-)
戚			少		
故	十 古 古 古 故 故	옛 고 ancient 앤션트 ゆえに(コ) 유에니(고)	異	冂 田 田 畀 異 異	다를 이 different 디프런트 ことなる(イ) 고또나루(이)
故			異		
舊	艹 艹 萑 萑 舊 舊	예 구 old 올드 ふるい(ク) 후루이(구)	糧	米 米 料 粡 糧 糧	양식 량 food 푸드 かて(リョウ) 가떼(료-)
舊			糧		

부자와 형제간에도 예의를 바로해야 하며, 또 친척 구지간에도 그러하려니와,

늙은이와 젊은이간에도 그 음식이 달라야 한다.

目容必端(목용필단) 눈은 반드시 단정히 하고,
口容必止(구용필지) 입은 반드시 다물고,

妾	亠 立 立 妾 妾 妾	첩 첩 concubine 콘쿠바인 めかけ(ショウ) 메까께(쇼-)	侍	亻 什 仕 佳 侍 侍	모실 시 serve 써브 はべる(ジ) 하베루(지)
妾			侍		
御	彳 彳 作 徣 御 御	모실 어 drive a chariot 드라이브어체리엇 ぎょする(ゴ) 교스루(고)	巾	丨 冂 巾	수건 건 towel 타월 ふきん(キン) 후낀(긴)
御			巾		
績	糸 紆 綪 績 績 績	길쌈 적 spin thread 스핀 스레드 つむぐ(セキ) 쓰무구(세끼)	帷	冂 巾 帄 帄 帷 帷	장막 유 curtain 커텐 とばり(イ) 도바리(이)
績			帷		
紡	乄 幺 糸 紵 紡 紡	길쌈 방 spin 스핀 つむぐ(ボウ) 쓰무구(보-)	房	丨 ㅋ 戸 戸 房 房	방 방 room 룸 へや(ボウ) 헤야(보-)
紡			房		
남편이 벌어다 준 것만으로 편안함을 구하지 않는,			애정이 담긴 처첩의 성실과 근면성을 말한다.		

聲容必靜(성용필정) 음성은 반드시 고요히 하고,
氣容必肅(기용필숙) 숨 쉬는 모습은 반드시 엄숙히 하고,

漢字	뜻·음	漢字	뜻·음
紈	흰깁 환 white silk 화이트 씰크 しろぎぬ(カン) 시로기누(간)	銀	은 은 silver 실버 しろがね(ギン) 시로가네(긴)
紈		銀	
扇	부채 선 fan 팬 おうぎ(セン) 오우기(센)	燭	촛불 촉 candle 캔들 ともしび(ショク) 도모시비(쇼꾸)
扇		燭	
圓	둥글 원 round 라운드 まるい(エン) 마루이(엔)	煒	빛날 휘 bright 브라이트 あきらか(イ) 아끼라까(이)
圓		煒	
潔	맑을 결 pure 퓨어 いさぎよい(ケツ) 이사기요이(게쯔)	煌	빛날 황 shine 샤인 かがやく(コウ) 가가야꾸(고-)
潔		煌	

흰 비단으로 만든 부채는 둥글고 깨끗하며,

휘황한 은촉은 밝게 빛난다.

頭容必直(두용필직) 머리는 반드시 곧게 하고,
立容必德(입용필덕) 서 있는 모습은 반드시 덕 있게 하고,

晝	낮 주 daytime 대이타임 ひる(チュウ) 히루(쮸-)	藍	쪽 남 indigo 인디고 あい(ラン) 아이(란)
晝		藍	
眠	졸 면 sleep 슬립 ねむる(メン) 네무루(멘)	筍	댓순 순 bamboo shoot 뱀부 슈트 たけのこ(ジュン) 다께노고(쥰)
眠		筍	
夕	저녁 석 evening 이브닝 ゆうべ(セキ) 유우베(세끼)	象	코끼리 상 elephant 엘리펀트 ぞう(ショウ) 조-(쇼-)
夕		象	
寐	잘 매 sleep 슬립 ねる(ビ) 네루(비)	床	상 상 board 보드 ゆか(ジョウ) 유까(죠-)
寐		床	

낮에는 낮잠을 자고 밤에는 밤대로 자되, 남순과 상상에서 잔다.

色容必莊(색용필장) 얼굴은 반드시 씩씩하게 하는 것,
是謂九容(시위구용) 이것이 구용이다.

絃	줄 현 string 스트링 いと(ケン) 이또(겐)	接	접할 접 succeed to 썩씨이드 투 まじわる(セツ) 마지와루(세쯔)
歌	노래 가 song 쏭 うた(カ) 우따(가)	杯	잔 배 cup 컵 さかずき(ハイ) 사까즈끼(하이)
酒	술 주 wine 와인 さけ(シュ) 사께(슈)	擧	들 거 lift 리프트 あげる(キョ) 아게루(교)
讌	잔치 연 feast 피스트 さかもり(エン) 사까모리(엔)	觴	잔 상 goblet 고브렛 さかずき(ショウ) 사까즈끼(쇼-)

주연은 현악기와 어울려서 노래하고,

술잔을 서로 주기도 받기도 한다.

修身齊家(수신제가) 몸을 닦고 집안을 정제하는 것은,
治國之本(치국지본) 나라를 다스리는 근본이고,

矯	矢 矢 矢 矫 矫 矯	고칠 교 reform 리펌 なおしためる(キョ) 나오시따메루(교)	悅	忄 忄 忄 忄 忄 悅	기쁠 열 glad 글래드 よろこぶ(エツ) 요로꼬부(에쯔)
矯			悅		
手	一 二 三 手	손 수 hand 핸드 て(ズ) 데(즈)	豫	マ 予 予 予 豫 豫	미리 예 beforehand 비퍼핸드 あらかじめ(ヨ) 아라까지메(요)
手			豫		
頓	口 屯 屯 頓 頓 頓	조아릴 돈 bow 바우 ぬかずく(トン) 누까즈꾸(돈)	且	丨 冂 日 月 且	또 차 moreover 모러버 かつ(シャ) 가쯔(샤)
頓					
足	口 口 口 口 足 足	발 족 foot 풋 あし(ゾク) 아시(조꾸)	康	广 户 庐 庚 康 康	편안 강 healthy 헬시 やすい(コウ) 야스이(고-)
足			康		

빈객을 불러모아 술을 마시다가 흥이 났을 때에는 음악에 맞추어 춤을 추니,

기쁘고 즐거우며 마음이 유쾌하게 된다.

士農工商 (사농공상) 선비와 농군과 공인과 상인은
國家利用 (국가이용) 나라의 이로움이다.

嫡 만 적 legal wife 리갈 와이프 ほんさい(チャク) 혼사이(짜꾸)	**祭** 제사 제 service 서어비스 まつり(サイ) 마쯔리(사이)
嫡	祭
後 뒤 후 after 에프터 のち(ゴ) 노찌(고)	**祀** 제사 사 service 서어비스 まつり(シ) 마쯔리(시)
後	祀
嗣 이을 사 succeed 썩시이드 つぐ(サ) 쯔꾸(사)	**蒸** 찔 증 steam 스팀 むす(ジョウ) 무스(죠-)
嗣	蒸
續 이을 속 connect 코넥트 つぐ(ソク) 쯔꾸(소꾸)	**嘗** 이마 상 forehead 퍼리드 ひたい(ソウ) 히따이(소-)
續	嘗
정실이 낳은 아들은 가계를 계승하고,	증상의 제사도 지낸다.

鰥孤獨寡(환고독과) 홀아비와 과부와 고아와 자식없는 늙은이를
謂之四窮(위지사궁) 사궁이라고 하고,

稽	禾 秒 秕 秸 稽 稽	조아릴 계 bow 바우 かんがえる(ケイ) 강가에루(게이)	悚	忄 忄 忄 忄 悚 悚	두려울 송 terrified 테리화이트 おそれる(ソ) 오소레루(소)
稽			悚		
顙	又 叒 桑 桑 顙 顙	맛볼 상 taste 테이스트 なめる(ゾウ) 나메루(조-)	懼	忄 忄 忄 忄 懼 懼	두려울 구 fearful 피어풀 おそれる(ク) 오소레루(구)
顙			懼		
再	一 丆 冂 冃 再 再 再	두 재 again 어게인 ふたたび(サイ) 후따따비(사이)	恐	工 巩 巩 巩 恐 恐	두려울 공 fearful 피어풀 おそれる(ク) 오소레루(구)
再			恐		
拜	二 手 手 手 拜 拜	절 배 bow 바우 おがむ(ハイ) 오가무(하이)	惶	忄 忄 忄 惶 惶 惶	두려울 황 fearful 피어풀 おそれる(キョ) 오소레루(교)
拜			惶		
적후사속을 받아서 부모의 상을 당했을 때 하는 절을			매우 두려워하다.		

發政施仁(발정시인) 정사를 펴고 인을 베풀되,
先施四者(선시사자) 사궁에게 먼저 베풀어야 한다.

牋	片 片 片 牋 牋 牋	글 전 letter 레터 てがみ(テン) 데가미(덴)	顧	戶 戶 雇 顧 顧 顧	돌아볼 고 look after 룩크 에프터 かえりみる(コ) 가에리미루(고)
牋			顧		
牒	片 片 片 牒 牒 牒	편지 첩 records 레코즈 てがみ(チョウ) 데가미(쬬-)	答	𥫗 𥫗 答 答 答 答	대답 답 answer 앤써 こたえる(トウ) 고따에루(도-)
牒			答		
簡	𥫗 𥫗 𥫗 簡 簡 簡	대쪽 간 letter 레터 てがみ(カン) 데가미(간)	審	宀 宀 宀 審 審 審	살필 심 examine 이그재민 つまびらか(シン) 쯔마비라까(신)
簡			審		
要	一 襾 襾 要 要 要	중요 요 important 임포턴트 かなめ(ヨウ) 가나메(요-)	詳	言 言 言 詳 詳 詳	자세 상 in detail 인 디테일 くわしい(ショウ) 구와시이(쇼-)
要			詳		

남과 편지할 때에는 번잡하지 않게 요점만 따라서 간략히 하며,

웃사람에게 대답할 때는 겸허한 태도로 좌우를 돌아보며 자세하게 대답해야 한다.

十室之邑(십실지읍) 열 집 되는 작은 마을에도
必有忠信(필유충신) 반드시 충성스럽고 신의 있는 사람이 있다.

한자	뜻·음	영어	일본어
骸	뼈 해	bone 본	ほね(ガイ) 호네(가이)
垢	때 구	dirt 더트	あか(ク) 아까(구)
想	생각 상	imagine 이매진	おもう(ソウ) 오모우(소-)
浴	목욕 욕	bathe 뱃스	あびる(ヨク) 아비루(요꾸)
執	잡을 집	take 테이크	とる(シツ) 도루(시쯔)
熱	더울 열	hot 핫	あつい(ネツ) 아쯔이(네쯔)
願	원할 원	want 원트	ねがう(ガン) 네가우(간)
涼	서늘할 량	cool 쿨	すずしい(リョ) 스즈시이(료)

몸에 낀 때를 보면 목욕할 것을 생각하고,

뜨거운 것을 손에 잡으면, 차가운 것을 원한다.

元是孝者(원시효자) 본래 효라는 것은
爲仁之本(위인지본) 인을 행하는 근본이다.

驢	馬 馬' 馿 馿 驢 驢	나귀 려 ass 애스 ろぼ(リョ) 로보(료)	駭	馬 馬 馬' 駭 駭	놀랄 해 startle 스타틀 おどろく(ガイ) 오도로꾸(가이)
驢			駭		
騾	馬 馬 馬 馿 騾 騾	노새 라 mule 뮬 らば(ラ) 라바(라)	躍	𧾷 𧾷 跙 踻 躍 躍	뛸 약 leap 립프 こえる(ヤク) 고에루(야꾸)
騾			躍		
犢	牜 牯 犢 犢 犢 犢	송아지 독 calf 카프 こうし(トク) 고우시(도꾸)	超	土 丰 走 起 起 超	뛸 초 leap over 립프 오우버 こえる(チョウ) 고에루(쬬-)
犢			超		
特	𠂉 牛 牛 牛 特 特	특별할 특 special 스페셜 とくべつ(トク) 도꾸베쯔(도꾸)	驤	馬 馬 驤 驤 驤 驤	달릴 양 run 런 はしる(ジョウ) 하시루(죠-)
特			驤		
나귀와 노새, 송아지와 황소는,			뛰고 노는 모습이 고개를 솟구쳐 위로 넘는다.		

言則信實(언즉신실) 말은 믿음 있고 참되어야 하고,
行必正直(행필정직) 행실은 반드시 정직해야 한다.

誅	言 言 言 訁 訐 誅	벨 주 punish 퍼니쉬 うつ(チュウ) 우쯔(쮸-)	捕	扌 扌 扌 扪 捕 捕	잡을 포 catch 캣취 つかまる(ホ) 쯔까마루(호)
誅			捕		
斬	亘 亘 車 斬 斬 斬	벨 참 behead 비헤드 きる(サン) 기루(산)	獲	犭 犭 犭 獲 獲 獲	얻을 획 take in hunting 테이크 인 헌팅 える(カク) 에루(가꾸)
斬			獲		
賊	貝 貝 貝 賊 賊 賊	도둑 적 thief 디프 ぬすびと(テキ) 누스비또(데끼)	叛	丷 半 半 叛 叛 叛	반할 반 rebel 레벨 そむく(ハン) 소무꾸(한)
賊			叛		
盜	氵 次 次 盜 盜 盜	도둑 도 thief 디프 とろぼう(トウ) 도로보-(도-)	亡	亠 亡	도망 망 run 런 ほろびる(ボウ) 호로비루(보-)
盜			亡		

적도는 마땅히 주창으로 엄벌해야 하고,

나라를 배반하고 도망한 자는 포박해야 한다.

一粒之穀(일립지곡) 한 알의 곡식이라도
必分以食(필분이식) 반드시 서로 나누어 먹어야 하고,

布	一 ナ 𠂇 右 布	베 포 hemp cloth 헴프 클로스 めの(ホ) 누노(호)	嵇	一 ニ 禾 禾 秋 嵇	산이름 혜 name of mountain 네임 오브 마운틴 やまのな(ケイ) 야마노나(게이)
布			嵇		
射	身 身 身 射 射	쏠 사 shoot 슈트 さる(シャ) 사루(샤)	琴	三 王 玨 珡 琴	거문고 금 china harp 차이나 하프 こと(キン) 고또(긴)
射			琴		
遼	亻 仒 佲 僚 僚	멀 료 distant 디스턴트 どうりょう(リョウ) 도-료-(료-)	阮	阝 阝 阝 阮 阮	이름 완 name of a man 네임 어브 어 맨 しろ(ケン) 시로(겐)
遼			阮		
丸	ノ 九 丸	둥글 환 round 라운드 まるい(カン) 마루이(간)	嘯	口 口 呻 嘯 嘯	휘파람 소 whistle 휘슬 うそぶく(ソ) 우소부꾸(소)
丸			嘯		

여포의 궁술과 웅의료의 농환이고, 혜강의 거문고와 완적의 휘파람이다.

一縷之衣(일루지의) 한 벌의 옷이라도
必分以衣(필분이의) 반드시 서로 나누어 입어야 한다.

恬	丨 忄 忄 忄 忄 恬	편안 염 peaceful 피스플 やすらか(エン) 야스라까(엔)	鈞	스 今 金 金 鈞 鈞	고를 균 equal 이퀄 ひとしい(キン) 히또시이(긴)
恬			鈞		
筆	𥫗 竺 笞 筌 筆 筆	붓 필 brush 브러쉬 ふで(ヒツ) 후데(히쯔)	巧	一 丅 工 工 巧 巧	재주 교 skill 스킬 たくみ(キョ) 다꾸미(교)
筆			巧		
倫	丿 亻 亼 仒 侖 倫	인륜 륜 morals 모랄스 たくい(リン) 다꾸이(린)	任	丿 亻 仁 仟 仟 任	맡길 임 appoint 어포인트 まかせる(リン) 마까세루(린)
倫			任		
紙	幺 糸 糸 糹 紅 紙	종이 지 paper 페이퍼 かみ(ジ) 가미(지)	釣	스 今 金 金 釣 釣	낚시 조 fishing 휘싱 つる(チョウ) 쯔루(쬬-)
紙			釣		
몽염이 바로 붓을 만들었으며 채륜이 종이를 만들고,			마균은 교묘한 재주, 임공자는 낚시질로 유명하다.		

積善之家(적선지가) 선을 쌓은 집안에는
必有餘慶(필유여경) 반드시 더 할 경사가 있고,

한자	필순	뜻	한자	필순	뜻
釋	釆 釈 釋 釋 釋 釋	풀을 석 interpret 인터프리트 とく(シャク) 도꾸(샤꾸)	竝	亠 立 立 竝 竝 竝	아우를 병 coexist 코이그지스트 ならぶ(ヘイ) 나라부(헤이)
釈			竝		
紛	幺 糸 糹 紒 紛 紛	어지러울 분 confused 컨퓨즈드 まぎれる(フン) 마기레루(훈)	皆	ト ヒ 比 比 皆 皆	다 개 all 올 みな(ケイ) 미나(게이)
紛			皆		
利	一 二 千 禾 利 利	이할 리 benefit 베네피트 きく(リ) 기꾸(리)	佳	丿 亻 仕 佳 佳 佳	아름다울 가 good 굳 よい(ガ) 요이(가)
利			佳		
俗	丿 亻 仒 俗 俗 俗	풍속 속 manners 매너스 ふうぞく(ゾク) 후-소꾸(조꾸)	妙	く 女 如 妙 妙 妙	묘할 묘 스트레인지 みょうな(ミョ) 묘-나(묘)
俗			妙		

어지러운 것을 해결하는 것은 세인을 이롭게 하고,

아울러 모두가 아름답고 절묘하다.

積惡之家(적악지가) 악을 쌓은 집안에는
必有餘殃(필유여앙) 반드시 더 할 재앙이 있다.

毛	一 二 三 毛	터럭 모 hair 헤어 け (モウ) 게 (모-)	工	一 丅 工	장인 공 artisan 아티잔 たくみ (コ) 다꾸미 (고)
毛			工		
施	亠 方 方 方 施 施	베풀 시 grant 그렌트 ほどこす (シ) 호도꼬스 (시)	顰	步 步 步 步 頻 頻	찡그릴 빈 knit the brows 닛 더 부라우즈 しかめる (ヒン) 시까메루 (힌)
施			顰		
淑	氵 氵 氵 淑 淑 淑	맑을 숙 pure 퓨어 しとやか (シュク) 시또야까 (슈꾸)	姸	女 女 女 姸 姸 姸	고을 연 beautiful 뷰티플 なまめかしい (レン) 나마메까시이 (렌)
淑			姸		
姿	冫 次 次 姿 姿 姿	모양 자 figure 피겨 すがた (シ) 스가따 (시)	笑	𥫗 𥫗 𥫗 竺 笑 笑	웃음 소 laugh 래프 わらう (ソ) 와라우 (소)
姿			笑		
모장과 서시는 다같이 절세 미인으로 기뻐할 때의 웃음은 말할 것도 없고,			얼굴을 찌푸릴 때조차 그 모습은 그대로 천하미인이다.		

非我言老(비아언로) 내 말이 늙은이의 망령이라고 하지 말아라.
惟聖之謨(유성지모) 다만 성인의 법도 이니,

年	해 년 / year / 이어 / とし(ネン) / 도시(넨)
羲	기운 희 / spirit / 스피리트 / せいしん(ギ) / 세이신(기)
矢	살 시 / arrow / 에로우 / や(シ) / 야(시)
暉	빛날 휘 / brightness / 브라이트니스 / ひかり(キ) / 히까리(기)
每	매양 매 / every / 에브리 / ことに(マイ) / 고도니(마이)
朗	밝을 랑 / bright / 브라이트 / あからめ(ロウ) / 아까라메(로-)
催	재촉 최 / urge / もよおす(サイ)
曜	빛날 요 / dazzle / 대즐 / ひかる(ヨウ) / 히까루(요-)

세월은 화살같이 시시각각 운행하여 다시 되돌아오지 않으나,

일광과 월광은 밝게 비치기만 하는구나.

嗟嗟小子(차차소자) 슬프다, 아이들아,
敬受比書(경수차서) 공손한 마음으로 이글을 받아 수업하여라.

旋	구슬 선 gem 젬 たま(セン) 다마(센)	晦	그믐 회 last day of month 라스트 데이 오브 먼스 みそか(カイ) 미소까(가이)
璣	구슬 기 pearl 필 たま(ギ) 다마(기)	魄	넋 백 soul 쏠 たましい(コン) 다마시이(곤)
懸	달 현 hang 행 かける(ケン) 가게루(겐)	環	고리 환 ring 링 たまき(カン) 다마끼(간)
斡	돌 알 go round 고우 라운드 めぐる(アツ) 메구루(아쯔)	照	비칠 조 illumine 일류민 てらす(ショウ) 데라스(쇼−)

혼천의는 매달리어 둥글둥글 돌고,

그믐에 달이 숨어서 그 실체가 빛을 내지 않다가 선회하여 다시 빛이 비친다.

勸學文(권학문)

勿謂今日不學而有來日
(물위금일불학이유내일)
오늘 배우지 않아도 내일이 있다고 이르지 말며,

한자	뜻·음	한자	뜻·음
指	손가락 지 finger 핑거 ゆび(シ) 유비(시)	永	길 영 eternal 이터널 ながい(エイ) 나가이(에이)
薪	섶 신 firwood 퍼우드 たきぎ(シン) 다끼기(신)	綏	편안할 유 peaceful 피스풀 やすい(スイ) 야스이(스이)
修	닦을 수 cultivate 컬티베이트 おさめる(シュ) 오사메루(슈)	吉	길할 길 lucky 럭키 よい(キツ) 요이(기쯔)
祐	도울 우 protect 푸로텍트 さいわい(ウ) 사이와이(우)	邵	높을 소 lofty 로프티 たかい(ソ) 다까이(소)

몸을 닦으면 하늘의 복록을 받아 행복을 누리면서 생명의 무궁함을 알고,

복록을 받고 행실이 선량하면 길이 편안하다.

勿謂今年不學而有來年
(물위금년불학이유내년)
금년에 배우지 않아도 내년이 있다고 이르지 말아라.
日月逝矣歲不我進
(일월서의세불아진)
날과 달은 가고, 세월은 나와함께 늦어지지 않으니,

한자	필순	뜻·음	한자	필순	뜻·음
矩	𠂉 矢 矢 矩 矩 矩	곡자 구 square 스퀘어 さしがね(ク) 사시가네(구)	俯	亻 亻 仿 俯 俯 俯	구부릴 부 bow down 바우 다운 ふす(ソ) 후스(소)
矩 (흘림)			俯 (흘림)		
步	卜 卜 止 步 步 步	걸음 보 walk 워크 あるく(ボ) 아루꾸(보)	仰	ノ 亻 亻 仁 仰 仰	우러를 앙 adore 아도어 あおぐ(アン) 아오구(안)
步 (흘림)			仰 (흘림)		
引	ㄱ ㅋ 弓 引	이끌 인 pull 풀 ひく(イン) 히꾸(인)	廊	广 庐 㢈 廊 廊 廊	행랑 랑 corridor 코리도 ひさし(ロウ) 히사시(로-)
引 (흘림)			廊 (흘림)		
領	亼 令 令 領 領 領	거느릴 령 command 커맨드 おさめる(レイ) 오사메루(레이)	廟	广 广 庐 廟 廟 廟	사당 묘 shrine 슈라인 たまや(ミョ) 다마야(묘)
領 (흘림)			廟 (흘림)		

걸음걸이는 법도에 맞게 하고,

임금을 대하는 자세와 태도는 부앙이 뚜렷해야 한다.

嗚呼老矣是誰之愆
(오호노의시수지징)
슬프다, 늙어서 후회한들 이것이 뉘 허물이겠는가.
少年易老學難成
(소년이로학난성)
소년은 늙기 쉽고, 배움은 이루기 어려우니,

한자	뜻	한자	뜻
束	묶을 속 bind 바인드 たば(ソク) 다바(소꾸)	徘	배회 배 wander 원더 うろつく(ハイ) 우로쯔꾸(하이)
帶	띠 대 belt 벨트 おび(タイ) 오비(다이)	徊	배회 회 wander 원더 さまよう(カイ) 사마요우(가이)
矜	자랑 긍 be proud 비 프라우드 ほこる(キョウ) 호고루(교-)	瞻	볼 첨 look up 룩크 엎 みあげる(セン) 미아게루(센)
莊	씩씩할 장 vigorous 비거러스 おごそか(ソウ) 오고소까(소-)	眺	볼 조 look 룩크 ながめる(チョウ) 나가메루(쬬)

속대와 예복은 정중하게 하고,

좌우로 어정거리거나 상하로 부앙하고 먼 곳을 바라봄은 공경을 잃는 일이다.

一寸光陰不可輕
(일촌광음불가경)
짧은 시간이라도 가벼이 여기지 마라.
未覺池塘春草夢
(미각지당춘초몽)
연못가에 봄풀이 돋아나는 것을 미처 깨닫지 못했는데,

孤	孑孒孤孤孤孤	외로울 고 lonely 로운리 ひとりぼっち(コ) 히또리뽓찌(고)	愚	冂日 昌 愚愚	어리석을 우 stupid 스튜피드 おろか(グ) 오로까(구)
孤			愚		
陋	阝阝阝陌陃陋	더러울 루 vile 봐일 いやしい(ロウ) 이야시이(로-)	蒙	艹芦芦䒼蒙蒙	어릴 몽 young 영 こうむる(ボウ) 고-무루(보-)
陋			蒙		
寡	宀宀宣寘寡寡	적을 과 little 리틀 すくない(カ) 스꾸나이(가)	等	竹笁笙笙等等	무리 등 grade 그래이드 ひとしい(トウ) 히또시이(도-)
寡			等		
聞	門門門門聞聞	들을 문 hear 히어 きく(モン) 기꾸(몬)	誚	言言言訁訃誚誚	꾸짖을 초 blame しかる(セウ)
聞			誚		
홀로 이룬 비소한 견해로는 무지라는 비방을 면치 못할 것이니,			좁은 지식을 떠나서 항상 상대에게 배워야 한다.		

階前梧葉已秋聲
(계전오엽이추성)
뜰 앞의 오동잎이 벌써 가을 소리를 전하는구나.

謂	言訁訂訶訶謂謂	이를 위 speak of 스피크 오브 いう(イ) 이우(이)	焉	一下下正焉焉焉	어찌 언 how 하우 なんぞ(エン) 난조(엔)
謂			焉		
語	言訂語語語語語	말씀 어 words 워즈 かたる(ゴ) 가따루(고)	哉	土吉吉哉哉哉	비로소 재 for the first time 포더퍼스타임 かな(サイ) 가나(사이)
語			哉		
助	丨冂月目盯助	도울 조 help 헬프 たすける(ジョ) 다스께루(죠)	乎	一丷丷乊乎	부를 호 exclamation 익스클러메이션 か(コ) 가(고)
助			乎		
者	十土耂耂者者者	놈 자 person 퍼선 もの(シャ) 모노(샤)	也	乛㔾也	잇기 야 how 하우 なり(ヤ) 나리(야)
者			也		

(앞의 글에서 삼라만상의 자리와 사람된 도리를 광범하게 가르치고 나서,

이 글에서는 언, 제, 호, 야의 네 글자로 그 결말을 맺었다.)

部首名稱

1획

- 一 한일
- 丨 뚫을곤
- 丶 점
- 丿 삐침
- 乙(乚) 새을
- 亅 갈구리궐

2획

- 二 두이
- 亠 돼지해머리
- 人(亻) 사람인변
- 儿 어진사람인발
- 入 들입
- 八 여덟팔
- 冂 멀경몸
- 冖 민갓머리
- 冫 이수변
- 几 안석궤
- 凵 위튼입구몸
- 刀(刂) 칼도
- 力 힘력
- 勹 쌀포몸
- 匕 비수비
- 匚 튼입구몸
- 匸 감출혜몸
- 十 열십
- 卜 점복
- 卩(㔾) 병부절
- 厂 민엄호
- 厶 마늘모
- 又 또우

3획

- 口 입구변
- 囗 큰입구몸
- 土 흙토
- 士 선비사
- 夂 뒤져올치
- 夊 천천히걸을쇠발
- 夕 저녁석
- 大 큰대
- 女 계집녀
- 子 아들자
- 宀 갓머리
- 寸 마디촌
- 小 작을소
- 尢(兀) 절름발이왕
- 尸 주검시엄
- 屮 왼손좌
- 山 메산
- 巛(川) 개미허리
- 工 장인공
- 己 몸기
- 巾 수건건
- 干 방패간
- 幺 작을요
- 广 엄호밑
- 廴 민책받침
- 廾 스물입발
- 弋 주살익
- 弓 활궁
- 彐(彑) 튼가로왈
- 彡 터럭삼방
- 彳 두인변
- 忄(心) 심방변
- 扌(手) 재방변
- 氵(水) 삼수변
- 犭(犬) 개사슴록변
- 阝(邑) 우부방
- 阝(阜) 좌부방

4획

- 心(忄) 마음심
- 戈 창과
- 戶 지게호
- 手(扌) 손수
- 支 지탱할지
- 攴(攵) 등글월문
- 文 글월문
- 斗 말두
- 斤 날근
- 方 모방
- 无(旡) 이미기방
- 日 날일
- 曰 가로왈
- 月 달월
- 木 나무목
- 欠 하품흠방
- 止 그칠지
- 歹(歺) 죽을사변
- 殳 갖은등글월문
- 毋 말무
- 比 견줄비
- 毛 털모
- 氏 각시씨
- 气 기운기엄
- 水(氵) 물수
- 火(灬) 불화
- 爪(爫) 손톱조머리
- 父 아비부
- 爻 점괘효
- 爿 장수장변
- 片 조각편
- 牙 어금니아
- 牛 소우변
- 犬(犭) 개견
- 王(玉) 구슬옥변
- 耂(老) 늙을로엄
- 月(肉) 육달월변
- 艹(艸) 초두
- 辶(辵) 책받침

5획

- 玄 검을현
- 玉(王) 구슬옥
- 瓜 외과
- 瓦 기와와
- 甘 달감
- 生 날생
- 用 쓸용
- 田 밭전
- 疋 필필
- 疒 병질엄
- 癶 필발머리
- 首 머리수
- 香 향기향
- 白 흰백
- 皮 가죽피
- 皿 그릇명밑
- 目(罒) 눈목
- 矛 창모
- 矢 화살시
- 石 돌석
- 示(礻) 보일시변
- 禸 짐승발자국유
- 禾 벼화
- 穴 구멍혈
- 立 설립

6획

- 竹 대죽
- 米 쌀미
- 糸 실사
- 缶 장군부
- 网(罒·㓁) 그물망
- 羊(⺶) 양양
- 羽 깃우
- 老(耂) 늙을로
- 而 말이을이
- 耒 가래뢰
- 耳 귀이
- 聿 오직율
- 肉(月) 고기육
- 臣 신하신
- 自 스스로자
- 至 이를치
- 臼 절구구
- 舌 혀설
- 舛(牟) 어그러질천
- 舟 배주
- 艮 괘이름간
- 色 빛색
- 艸(艹) 초두
- 虍 범호밑
- 虫 벌레훼
- 血 피혈
- 行 다닐행
- 衣(衤) 옷의
- 襾 덮을아

7획

- 見 볼견
- 角 뿔각
- 言 말씀언
- 谷 골곡
- 豆 콩두
- 豕 돼지시
- 豸 발없는벌레치
- 貝 조개패
- 赤 붉을적
- 走 달아날주
- 足 발족
- 身 몸신
- 車 수레거
- 辛 매울신
- 辰 별신
- 辵(辶) 책받침
- 邑(阝) 고을읍
- 酉 닭유
- 釆 분별할채
- 里 마을리

8획

- 金 쇠금
- 長(镸) 길장
- 門 문문
- 阜(阝) 언덕부
- 隶 미칠이
- 隹 새추
- 雨 비우
- 靑 푸를청
- 非 아닐비

9획

- 面 낯면
- 革 가죽혁
- 韋 다룬가죽위
- 韭 부추구
- 音 소리음
- 頁 머리혈
- 風 바람풍
- 飛 날비
- 食(飠) 밥식

10획

- 馬 말마
- 骨 뼈골
- 高 높을고
- 髟 터럭발밑
- 鬥 싸움투
- 鬯 울창주창
- 鬲 오지병격
- 鬼 귀신귀

11획

- 魚 고기어
- 鳥 새조
- 鹵 잔땅로
- 鹿 사슴록
- 麥 보리맥
- 麻 삼마

12획

- 黃 누를황
- 黍 기장서
- 黑 검을흑
- 黹 바느질치

13획

- 黽 맹꽁이맹
- 鼎 솥정
- 鼓 북고
- 鼠 쥐서

14획

- 鼻 코비
- 齊 가지런할제

15획

- 齒 이치

16획

- 龍 용룡
- 龜 거북귀

17획

- 龠 피리약변